大学数字图书馆国际合作计划
CHINA ACADEMIC DIGITAL ASSOCIATIVE LIBRARY

CADAL项目
标准规范汇编
（一）

丛书主编◎潘云鹤

ZHEJIANG UNIVERSITY PRESS
浙江大学出版社

图书在版编目（CIP）数据

CADAL项目标准规范汇编. 1/潘云鹤丛书主编. —杭州：浙江大学出版社，2014. 12
ISBN 978-7-308-13624-2

Ⅰ. ①C… Ⅱ. ①潘… Ⅲ. ①院校图书馆—数字图书馆—著录规则—汇编 Ⅳ. ①G258. 6②G254. 31

中国版本图书馆CIP数据核字(2014)第173089号

CADAL项目标准规范汇编(一)
潘云鹤　丛书主编

责任编辑　李峰伟　张凌静
封面设计　续设计
出版发行　浙江大学出版社
(杭州市天目山路148号　邮政编码310007)
(网址：http://www.zjupress.com)
排　　版　杭州金旭广告有限公司
印　　刷　杭州日报报业集团盛元印务有限公司
开　　本　787mm×1092mm　1/16
印　　张　19.25
字　　数　469千
版 印 次　2014年12月第1版　2014年12月第1次印刷
书　　号　ISBN 978-7-308-13624-2
定　　价　68.00元

“CADAL 项目标准规范丛书”编委会

CADAL项目标准规范汇编(一)

主　编　黄　晨

副主编　刘　翔　薛　霏

编　委　(按姓氏笔画排序)

叶杭庆　刘征鹏　孙红杰　肖　芳

张　浩　周小芳　郑传双　赵　璇

施干卫　贾雪梅　黄志强　曾祥瑞

Robert Miller

总　序

春华秋实,“CADAL项目标准规范丛书”即将正式出版了。该丛书不仅汇编了历年来CADAL项目标准规范建设的成果,而且包含了CADAL人在标准规范建设中的经验总结和理论探索,是CADAL项目建设的基石,也是CADAL项目成果中最璀璨的明珠之一。

CADAL项目的建设始于2000年。那时,全球的数字图书馆建设热潮初起,包括卡内基梅隆大学、中国科学院和浙江大学等机构的中美两国计算机科学家共同发起了“中美百万册书数字图书馆合作计划(China-US Million Book Digital Library Project)”,目标是建设一百万册电子图书,并逐步向用户提供服务。2000年12月,“百万册书计划”项目启动,项目定名为“高等学校中英文图书数字化国际合作计划(China-America Digital Academic Library,CADAL)”。

2002年9月,国家计划委员会、教育部、财政部在《关于“十五”期间加强“211工程”项目建设的若干意见》的文件中,将“高等学校中英文图书数字化国际合作计划(CADAL)”列入“十五”期间“211工程”公共服务体系建设,CADAL与“中国高等教育文献保障系统(China Academic Library & Information, CALIS)”一起,构成了中国高等教育数字化图书馆的基本框架。2005年11月,作为首个有外资参与的“211工程”项目,CADAL完成了百万册资源的加工工作,拥有了较为齐全和完整的数字化特藏,初步建成了中国高等教育数字化图书馆。作为当时全球最大的公益性数字图书馆,CADAL不仅数据量大,而且学术性强、开放程度高,100万册图书向全世界开放提供数字化信息服务,CADAL一期建设圆满完成。

2008年正值我国数字图书馆建设规模、数字资源的海量管理乃至数字图书馆技术皆迅猛发展的时期。为了更好地实现“构建拥有多学科、多类型、多语种海量数字资源的,由国内外图书馆、学术组织、学科专业人员广泛参与的,具有高技术水平的学术数字图书馆”的项目建设总体目标,教育部决定继续投资CADAL建设,并将二期更名为“大学数字图书馆国际合作计划(China Academic Digital Associative Library, CADAL)”。建设方案几经酝酿、修改,2009年8月,CADAL项目二期可行性研究报告通过了教育部专家的评审和论证。作为“211工程”“高等教育文献保障体系”的两大专题之一,2010年4月,项目二期正式启动,并于2012年5月通过项目二期验收。通过一、二期十年的建设,CADAL项目以250万册的数字资源总量,继续保持国内外公益性数字图书馆规模的领先地位,实现了对科学技术与文化艺术的多种类型媒体资源的数字化整合,可以向读者提供一站式个性化知识服务,成为国家创新体系中重要的学术信息基础设施之一。

CADAL的建设,见证了中国数字图书馆事业的成长历程:从蹒跚学步到健步如飞,而今不仅风华正茂,而且更充满了自信和创新的活力。

标准为人类文明的发展提供了重要的技术保障,CADAL标准规范研究始于建设之初,并贯穿了CADAL建设的全过程。CADAL人深知,当今世界,标准化已经成为衡量国家、行业、企业、项目核心竞争力的基本要素，“得标准者得天下”。

在CADAL项目建设之初，国际上已经有一些涉及数字图书馆的初步标准规范成果，中国的图书馆界正开始这方面的研究和实践。作为一个由海量数据、众多应用软件组成的复杂层次系统，完全依靠“拿来主义”，不仅不能满足项目建设的需要，而且还会给项目的发展带来更大的障碍。

因此，CADAL项目的标准规范建设，始终立足于项目实践，在吸收、借鉴国内外数字图书馆标准研究已有的规范、标准成果的基础上，密切关注数字图书馆快速发展过程中出现的新技术、新介质、新形式，根据数字资源加工、发布、存储、服务、应用等流程，围绕数字资源创建、描述、组织、检索、服务和长期保存的整个过程，针对文本、文档、图像、音频、视频、动漫数据等多媒体的数字资源，构建了一个由数字对象、资源集合、信息组织、知识组织和辅助等5大框架，包含元数据标准、加工规范、多维度标签分类标准、知识标引标准、数字版权规范、数字图书馆评估规范等16个标准规范集组成的CADAL项目标准规范体系，全面覆盖了数字资源从内容策划到创建、组织描述、保存管理、获取和整合，再到维护和提供服务的完整流程。CADAL项目标准规范的建设过程，是一个“从实践中来，到实践中去”的典型过程。

CADAL项目的标准规范建设遵循的是对数字图书馆发展趋势的正确判断。因而，CADAL项目的标准规范，有的是遵循国际数字图书馆建设的互操作规范，将国内外的相关标准规范经过改造为我所用的；有的是根据项目建设的实际需要，经过项目建设检验的实践经验固化成文的；有的是适应新的发展需求形成的新规范。这些标准规范遵从一定的规则，形成系列，并构筑起一个完整的体系，既能指导实践，更具开放性、规范性，又保持可持续发展；从另一角度科学合理地诠释了数字资源从无序的集合到有序的信息组织，继而成为知识本体的生命周期；指导了CADAL项目的建设实践，引导了数字图书馆的发展方向。

“CADAL项目标准规范丛书”的“汇编”部分，系统完整地展示了CADAL项目标准规范建设的成果；而丛书的另一部分，则收集了建设者们关于标准规范的部分理论研究成果。读者可以发现在将海量资源从信息变为知识，进而形成知识与情报网络的建设实践中，融入了大量对数字图书馆的新认知和新探索，诠释出CADAL项目服务新模式的建立和关键技术的突破。

信息技术的快速变革，为数字图书馆标准规范的制定增添了相当的难度。目前，包括CADAL项目在内的数字图书馆标准规范，大多是事实标准，随着技术的发展需要不断更新和修订。本丛书编入的部分标准规范，已经过多次修订和完善。如何兼容频繁变化的信息技术，使其对数字图书馆建设的当前与未来皆具指导意义，是CADAL项目标准规范建设的一个新挑战。

而CADAL，已经做好准备，迎接新的挑战。

潘云鹤

2014年9月

出版说明

CADAL 项目标准规范体系包括数字对象框架、资源集合框架、信息组织框架、知识组织框架、辅助框架等 5 大框架 14 个标准规范集。

本分册汇编的标准规范涉及数字对象框架和资源集合框架，包含数字对象加工标准规范集和数字资源存储标准规范集，共 19 个标准规范。

总目录

数字对象框架

数字对象加工标准规范集

资源集合框架

数字资源存储标准规范集

数字对象框架

数字对象加工标准规范集

ICS 01.140.20
A 14

C A D A L 项 目 标 准

CADAL 10101—2013

数字对象采集规范

Specification of Digital Resource Collection

第二稿

2013-10-15

2013-10-15 发布 2013-10-16 实施

CADAL 项目管理中心 发 布

目 次

前　言

《CADAL 数字对象加工规范》分成 4 个部分，由 13 个标准组成。

——第 1 部分：CADAL 10101—2013 数字对象采集规范。

——第 2 部分：CADAL 10102—2013 数字对象制作基本流程规范，这部分根据加工对象的不同又分成 8 个子规范。

- 第 1 子规范：CADAL 10103.1—2013 图书期刊数字对象制作规范。
  CADAL 10103.2—2013 Book Digitalization Specification。
- 第 2 子规范：CADAL 10104—2013 报纸数字对象制作规范。
- 第 3 子规范：CADAL 10105—2013 文档数字对象制作规范。
- 第 4 子规范：CADAL 10106—2013 图片数字对象制作规范。
- 第 5 子规范：CADAL 10107—2013 古籍数字对象制作规范。
- 第 6 子规范：CADAL 10109—2013 视频数字对象制作规范。
- 第 7 子规范：CADAL 10110—2012 音频数据加工标准与操作规范。
- 第 8 子规范：CADAL 10227—2012 缩微胶片数字化加工标准与操作规范。

——第 3 部分：CADAL 10111—2013 数字内容编码与内容标记规范。

——第 4 部分：CADAL 10112—2013 数字对象加工与应用等级标准。

本标准为第 1 部分。

《CADAL 数字对象加工规范》代替 CADAL 项目一期制定的《数字化文本加工规范草案》。

本标准由大学数字图书馆国际合作计划(CADAL)项目管理中心提出并归口。

本标准起草单位：深圳市点通数据有限公司、杭州中元数据科技有限公司、浙江大学图书馆。

本标准主要起草人：郑传双、周小芳、薛霏。

引　　言

数字对象加工规范是数字图书馆资源建设的基础，制定数字对象加工规范的目的是让数字图书馆资源建设单位，在数字对象采集、加工、封装、存储等环节中有统一的规格和操作方法，保持数字资源的格式与内容形式的一致性。

《CADAL 数字对象加工规范》是 CADAL(China Academic Digital Associative Library)项目关于数字对象加工的规范集，是 CADAL 项目数字对象加工必须遵从的基础性企业标准。

《数字对象采集规范》的基本目的是保证 CADAL 项目资源采集质量，主要解决：

(1) 界定资源采集范围；

(2) 明确采集内容；

(3) 明确资源版本管理的基本方案。

数字对象采集规范

1 范围

本部分规定了CADAL项目认可的数字对象采集范围、方式、版本甄选等。

本部分适用于CADAL项目可加工资源的收集与甄选过程。

2 规范性引用文件

下列文件对于本文件的应用是必不可少的。凡是注日期的引用文件，仅所注日期的版本适用于本文件。凡是不注日期的引用文件，其最新版本（包括所有的修改单）适用于本文件。

GB/T 3469　文献类型和文献载体代码

GB/T 3792.1　文献著录 第1部分 总则

CADAL 10301—2012　数字对象唯一标识符规范

CADAL 10302—2012　数字对象标识与命名规范

3 术语与定义

下列术语和定义适用于本部分。

3.1 数字对象 Digital Object

数字对象指一组通过数字化加工得到的，描述一个特定的实物资源的，可存储于计算机并可利用计算机技术进行再现的数据集合。

3.2 版本 Edition

版本指采用直接接触、照相、复制或其他方法，源于同一原始输入信息制作，并且由同一机构或同一组机构或个人发行的一种资源的全部复本。

3.3 原生电子数据 Original Electronic Copy

原生电子数据指在信息记录到文献载体前的、可编辑的计算机文件。

3.4 OCR Optical Character Recognize

OCR指利用计算机软件，将栅格化字符点阵信息转换成计算机字符编码的过程。

3.5 标识符 Identifier

标识符指由管理机构按统一规范给定的编号，简称为 ID。

3.6 原始图像 Original Image

原始图像指通过初始扫描、摄影、转换等手段直接获取的图像文件。

3.7 原始音频 Original Audio

原始音频指通过初始录制、转换等手段直接获取的音频文件。

3.8 原始视频 Original Video

原始视频指通过初始摄像、转换等手段直接获取的视频文件。

3.9 DC 元数据 DC Meta

DC 元数据指 Dublin Core 元数据。

3.10 目录结构 Catalog

目录结构指符合 XML 的 METS 规范的目录结构信息，包括目录节点名称、链接指向的页面文件编号。

3.11 资源结构 Guide

资源结构指将资源各部分内容组合成一个整体的内部结构关系，包括各资源片断间的并列、包含、从属、接续、引用关系等。

4 总则

4.1 数字对象采集基本要求

采集数字对象的目的是为了资源信息的保存和在线阅读，所以要求：
—— 采集的数字对象应有实物资源支持，或是由官方提供的原生电子数据；
—— 采集的数字对象应基本完整。

4.2 数字对象采集管理

同一版本的资源只进行一次数字对象采集。

数字对象应按统一的规范设定资源标识符，标识符需要符合 Q/CADAL 10302—2012《数字对象标识与命名规范》和 Q/CADAL 10301—2012《数字对象唯一标识符规范》。

4.3 数字对象采集版本选择

优先选择来源权威、完整性好、版次新的资源进行数字对象加工。

对不同来源的原始资源，按以下原则进行版本认定与选择：

——加印、影印、转拍、复印、转贴等直接复制的资源，应视为同一版本，应优先选择最新版本；

——对重印、修订版、剪辑后的版本，应视为不同版本；

——对流通、保有过程中附着了重要的、系统的收藏、批注类信息的，应视为不同版本；

——对不同来源的手抄本应视为不同版本。

4.4 数字对象采集内容

数字对象采集内容包括：

——原始图像文件、原始音频文件、原始视频文件；

——数字对象的 DC 元数据信息；

——数字对象的目录结构信息；

——数字对象的资源结构信息。

5 数字对象采集要素

5.1 图书与期刊

——原书页面原始图像文件；

——用于检索和数字对象管理的 DC 元数据文件；

——用于阅读导航的目录结构文件。

5.2 报纸

——报纸原版面原始图像文件；

——用于检索和数字对象管理的 DC 元数据文件；

——用于阅读导航的目录结构文件。

5.3 文档资料

——原文档页面原始图像文件；

——文档内容清单；

——用于检索和数字对象管理的 DC 元数据文件；

——用于阅读导航的目录结构文件。

5.4 图片

——原图片原始图像文件；

——图片相关说明文件；

——用于检索和数字对象管理的 DC 元数据文件；

——用于阅读导航的目录结构文件。

5.5 古籍

——原书页面原始图像文件；
——用于检索和数字对象管理的 DC 元数据文件；
——用于阅读导航的目录结构文件。

5.6 音频

——原始音频文件；
——用于检索和数字对象管理的 DC 元数据文件；
——用于阅读导航的目录结构文件。

5.7 视频

——原始视频文件；
——用于检索和数字对象管理的 DC 元数据文件；
——用于阅读导航的目录结构文件。

参 考 文 献

[1] 国际图书馆协会和机构. 国际标准书目著录(统一版). 顾犇译. 北京：北京图书馆出版社，2008.

[2] The Library of Congress Standards. Metadata Encoding & Transmission Standard. 2012-03-22. [2013-10-15]. http://www.loc.gov/standards/mets/mets-schemadocs.html.

[3] LIZARD TECH, INC. DjVu Technology Primer. 2004-11. [2013-10-15]. http://djvu.org/docs/DjVu_Tech_Primer.djvu.

[4] LIZARD TECH, INC. Lizardtech DjVu Reference v3. 2005-11. [2013-10-15]. http://djvu.orgdocsDjVu3Spec.djvu.

ICS 01.140.20
A 14

C A D A L 项 目 标 准

CADAL 10102—2013

数字对象制作基本流程规范

Specification of Digital Resource Processing

第二稿

2013-10-15

2013-10-15 发布 2013-10-16 实施

CADAL 项目管理中心 发 布

目　次

前　言

《CADAL 数字对象加工规范》分成 4 个部分，由 13 个标准组成。

——第 1 部分：CADAL 10101—2013 数字对象采集规范。

——第 2 部分：CADAL 10102—2013 数字对象制作基本流程规范，这部分根据加工对象的不同又分成 8 个子规范。

- 第 1 子规范：CADAL 10103.1—2013 图书期刊数字对象制作规范；
  CADAL 10103.2—2013 Book Digitalization Specification。
- 第 2 子规范：CADAL 10104—2013 报纸数字对象制作规范。
- 第 3 子规范：CADAL 10105—2013 文档数字对象制作规范。
- 第 4 子规范：CADAL 10106—2013 图片数字对象制作规范。
- 第 5 子规范：CADAL 10107—2013 古籍数字对象制作规范。
- 第 6 子规范：CADAL 10109—2013 视频数字对象制作规范。
- 第 7 子规范：CADAL 10110—2012 音频数据加工标准与操作规范。
- 第 8 子规范：CADAL 10227—2012 缩微胶片数字化加工标准与操作规范。

——第 3 部分：CADAL 10111—2013 数字内容编码与内容标记规范。

——第 4 部分：CADAL 10112—2013 数字对象加工与应用等级标准。

本标准为第 2 部分。

《CADAL 数字对象加工规范》代替 CADAL 项目一期制定的《数字化文本加工规范草案》。

本标准由大学数字图书馆国际合作计划（CADAL）项目管理中心提出并归口。

本标准起草单位：杭州中元数据科技有限公司、深圳市点通数据有限公司、浙江大学图书馆。

本标准主要起草人：周小芳、郑传双、薛霏。

引　言

数字对象加工规范是数字图书馆资源建设的基础，制定数字对象加工规范的目的是让数字图书馆资源建设单位，在数字对象采集、加工、封装、存储等环节中有统一的规格和操作方法，保持数字资源的格式与内容形式的一致性。

《CADAL 数字对象加工规范》是 CADAL(China Academic Digital Associative Library)项目关于数字对象加工的规范集，是 CADAL 项目数字对象加工必须遵从的基础性企业标准。

《数字对象制作基本流程规范》的基本目的是保证 CADAL 项目资源采集质量，主要解决：

(1) 明确工作流程；

(2) 明确 CADAL 对数字对象制作的要求。

数字对象制作基本流程规范

1 范围

本部分规定了CADAL项目认可的数字对象制作流程。

本部分适用于CADAL项目数字对象制作过程。

2 规范性引用文件

下列文件对于本文件的应用是必不可少的。凡是注日期的引用文件，仅所注日期的版本适用于本文件。凡是不注日期的引用文件，其最新版本(包括所有的修改单)适用于本文件。

GB/T 3469	文献类型和文献载体代码
GB/T 3792.1	文献著录 第1部分 总则
GB/T 2828.1—2003	计数抽样检验程序第一部分：按接受质量限(acceptable quality limit，AQL)检索的逐批检验抽样计划(IDT ISO2859—1：1999)
CADAL 10101—2013	数字对象采集规范
CADAL 10111—2013	数字内容编码与内容标记规范
CADAL 10112—2013	数字对象加工与应用等级规范
CADAL 10301—2012	数字对象唯一标识符规范
CADAL 10302—2012	数字对象内部标识与命名规范

3 术语与定义

下列术语和定义适用于本部分。

3.1 数字对象 Digital Object

数字对象指一组通过数字化加工得到的，描述一个特定的实物资源的，可存储于计算机并可利用计算机技术进行再现的数据集合。

3.2 原始图像 Original Image

原始图像指通过初始扫描、摄影、转换等手段直接获取的图像文件。

3.3 原始音频 Original Audio

原始音频指通过初始录制、转换等手段直接获取的音频文件。

3.4 原始视频 Original Video

原始视频指通过初始摄像、转换等手段直接获取的视频文件。

3.5 典藏级文件 Archive File

典藏级文件指数字对象采集过程中所获得的原始图像文件、原始音频文件、原始视频文件经过本规范许可的加工方法处理后得到的高精度、无压缩(或高品质压宿)的文件。

3.6 发布应用级文件 Application File

发布应用级文件指典藏级文件经过本规范许可的加工方法处理后得到的用于网上在线浏览的文件或特定应用的各类派生文件。

3.7 版本 Edition

版本指采用直接接触、照相、复制或其他方法，源于同一原始输入信息制作，并且由同一机构(同一组机构)或个人发行的一种资源的全部复本。

4 总则

4.1 数字对象制作工作内容

CADAL 数字对象制作工作内容有：

——按 Q/CADAL 10101—2013《数字对象采集规范》进行制作对象的选取、采集、标识；

——制作所有用于典藏、封装、发布、展示的各类文件。

4.2 数字对象制作工作要求

4.2.1 品质要求

所有加工过程中生成的数字对象文件，品质要求不得低于 Q/CADAL 10112—2013《数字对象加工与应用等级标准》中的规定。

4.2.2 技术要求

数字对象文件应按 Q/CADAL 10111—2013《数字内容编码与内容标记规范》进行编码、标记与命名。

4.2.3 管理要求

数字对象应按 Q/CADAL 10301—2012《数字对象唯一标识符规范》和 Q/CADAL 10302—2012《数字对象标识与命名规范》进行标识与管理。

5 数字对象制作流程

5.1 基本流程

数字对象制作基本流程如图1所示。

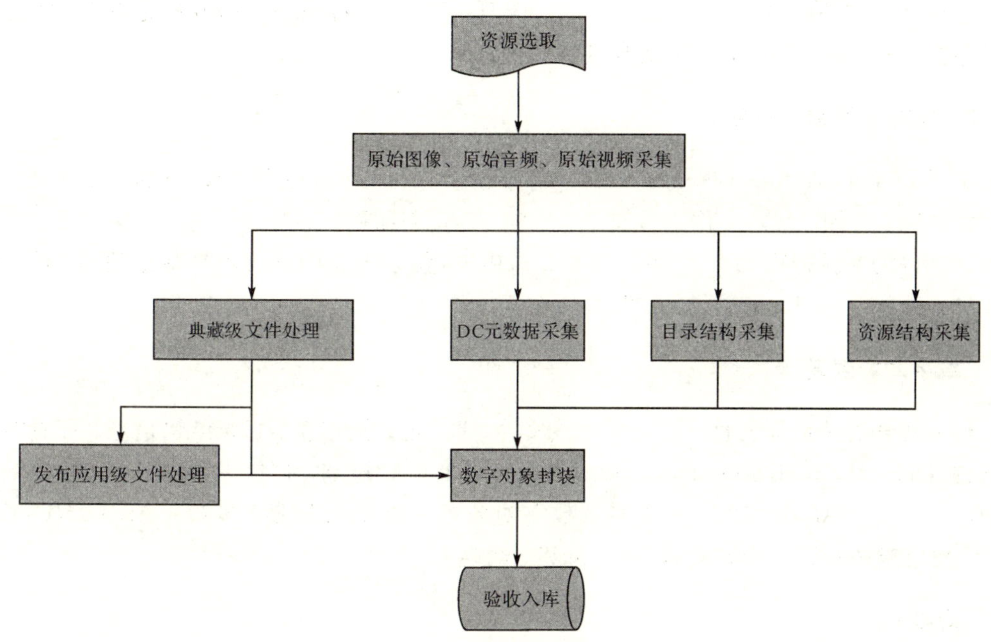

图1 数字对象制作基本流程

5.2 资源选取

依照Q/CADAL 10101—2013《数字对象采集规范》中版本选择规定，选取合适的待加工资源原件。

依照CADAL《资源查重和评估标准》，对待加工资源进行查重，剔除与已经加工或正在加工资源相重复的资源条目，形成最终的待加工资源清单。

5.3 采集

通过Q/CADAL 10101—2013《数字对象采集规范》中规定的各种技术手段，直接从待加工资源原件中获取图像、音频、视频信息，并按Q/CADAL 10111—2013《数字内容编码与内容标记规范》的要求，对采集到的信息进行编码、标记、命名、存储。

采集过程分两个步骤。

第一步：采集原始图像、原始音频、原始视频。

第二步：利用第一步采集到的图像、音频、视频或资源原件，进行DC元数据、目录结构信息、资源结构信息采集。

5.4 处理

5.4.1 典藏级文件处理

采用 Q/CADAL 10112—2013《数字对象加工与应用等级标准》中许可的加工方法，对采集到的原始图像文件、原始音频文件、原始视频文件进行非失真处理。

处理好的文件依照 Q/CADAL 10111—2013《数字内容编码与内容标记规范》规定的标准进行压缩、标记与编码，生成典藏级文件。

5.4.2 发布应用级文件处理

采用 Q/CADAL 10112—2013《数字对象加工与应用等级标准》中许可的加工方法，对典藏级图像、音频、视频文件进行加工、压缩、标记与编码。

处理好的文件依照 Q/CADAL 10111—2013《数字内容编码与内容标记规范》规定的标准进行压缩、标记与编码，生成发布应用级文件。

5.5 数字对象封装

将采集到的典藏级文件、发布应用级文件、DC 元数据信息、目录结构信息、资源结构信息按“Open Packaging Format (OPF) 2.0.1 v 1.0.1”规范，打包集合成一个完整的数字对象，并按 Q/CADAL 10301—2012《数字对象唯一标识符规范》和 Q/CADAL 10302—2012《数字对象标识与命名规范》进行标识、命名。

5.6 验收入库

数字对象制作完成后，按 GB/T 2828.1 进行抽样验收，合格批次送 CADAL 管理中心入库管理。

参 考 文 献

[1] 孙一钢，龙伟，赵四友. 数字资源加工标准研究报告[成果]. 项目年度编号：2002DEA20018. 完成单位：国家图书馆. 成果编号：CDLS－S03－008. 成果公布日期：2006-06.

[2] International Digital Publishing Forum. Open Packaging Format (OPF) 2.0.1 v 1.0.1 2010-09-04. [2013-10-15]. http://www.idpf.orgepub20specOPF_2.0_latest.htm.

ICS 01.140.20
A 14

C A D A L 项 目 标 准

CADAL 10103.1—2013

图书期刊数字对象制作规范

Specification of Book and Periodicals Digitization

第二稿

2013-10-15

2013-10-15 发布　　2013-10-16 实施

CADAL 项目管理中心　　发 布

目　　次

前　言

《CADAL 数字对象加工规范》分成 4 个部分，由 13 个标准组成。

——第 1 部分：CADAL 10101—2013 数字对象采集规范。

——第 2 部分：CADAL 10102—2013 数字对象制作基本流程规范，这部分根据加工对象的不同又分成 8 个子规范。

- 第 1 子规范：CADAL 10103.1—2013 图书期刊数字对象制作规范；
  CADAL 10103.2—2013 Book Digitalization Specification。
- 第 2 子规范：CADAL 10104—2013 报纸数字对象制作规范。
- 第 3 子规范：CADAL 10105—2013 文档数字对象制作规范。
- 第 4 子规范：CADAL 10106—2013 图片数字对象制作规范。
- 第 5 子规范：CADAL 10107—2013 古籍数字对象制作规范。
- 第 6 子规范：CADAL 10109—2013 视频数字对象制作规范。
- 第 7 子规范：CADAL 10110—2012 音频数据加工标准与操作规范。
- 第 8 子规范：CADAL 10227—2012 缩微胶片数字化加工标准与操作规范。

——第 3 部分：CADAL 10111—2013 数字内容编码与内容标记规范。

——第 4 部分：CADAL 10112—2013 数字对象加工与应用等级标准。

本标准为第 2 部分的第 1 子规范之一。

《CADAL 数字对象加工规范》代替 CADAL 项目一期制定的《数字化文本加工规范草案》。

本标准由大学数字图书馆国际合作计划(CADAL)项目管理中心提出并归口。

本标准起草单位：杭州中元数据科技有限公司、深圳市点通数据有限公司、浙江大学图书馆。

本标准主要起草人：周小芳、郑传双、薛霏。

引　　言

数字对象加工规范是数字图书馆资源建设的基础，制定数字对象加工规范的目的是让数字图书馆资源建设单位，在数字对象采集、加工、封装、存储等环节中有统一的规格和操作方法，保持数字资源的格式与内容形式的一致性。

《CADAL 数字对象加工规范》是 CADAL(China Academic Digital Associative Library)项目关于数字对象加工的规范集，是 CADAL 项目数字对象加工必须遵从的基础性企业标准。

《图书期刊数字对象制作规范》的基本目的是保证 CADAL 项目图书期刊资源采集质量，主要解决：

(1) 界定图书期刊资源的加工目标；

(2) 规定图书期刊资源的成品数字资源格式、内容、保存方式。

与之相对应的英文规范，请参考 CADAL 10103.2—2013 Book Digitalization Specification。

图书期刊数字对象制作规范

1 范围

本部分规定了图书期刊数字对象制作过程中的原则、采集要素、加工标准、存储格式、目录结构、特例处理等。

本部分适用于图书期刊数字对象加工制作过程管理与质量检测。

2 规范性引用文件

下列文件对于本文件的应用是必不可少的。凡是注日期的引用文件，仅所注日期的版本适用于本文件。凡是不注日期的引用文件，其最新版本(包括所有的修改单)适用于本文件。

GB/T 3469　　文献类型和文献载体代码
GB/T 3792.1　　文献著录 第1部分 总则
ISO10646—1：2000　　信息技术——通用多八位编码字符集
CADAL 10101—2013　　数字对象采集规范
CADAL 10102—2013　　数字对象制作基本流程规范
CADAL 10111—2013　　数字内容编码与内容标记规范
CADAL 10112—2013　　数字对象加工与应用等级规范
CADAL 10301—2012　　数字对象唯一标识符规范
CADAL 10302—2012　　数字对象内部标识与命名规范

3 术语和定义

3.1 数字对象 Digital Object

数字对象指一组通过数字化加工得到的、描述一个特定的实物资源的、可存储于计算机并可利用计算机技术进行再现的数据集合。

3.2 图书期刊数字对象 Book/Issues Digital Object

图书期刊数字对象指从图书或期刊资源(包括原始出版物、缩微或影印复制品)中采集、加工得到的数字对象。

3.3 原始图像 Original Image

原始图像指通过初始扫描、摄影、转换等手段直接获取的图像文件。

3.4 典藏级文件 Archive File

典藏级文件指数字对象采集过程中所获得的原始图像文件、原始音频文件、原始视频文件经过本规范许可的加工方法处理后得到的高精度、无压缩(或高品质压宿)的文件。

3.5 发布应用级文件 Application File

发布应用级文件指典藏级文件经过本规范许可的加工方法处理后得到的用于网上在线浏览的文件或特定应用的各类派生文件。

3.6 双层 DjVu Text Hidden DjVu

双层 DjVu 指通过 OCR 等技术手段，将原文中每行文字内容放在底层，上层放置原始图像，继而形成的 DjVu 格式的文件。

3.7 单层 DjVu Image Only DjVu

单层 DjVu 指由原始图像直接转换而成的 DjVu 文件。

3.8 DC 元数据 DC Metadata

DC 元数据指 Dublin Core 元数据。

3.9 目录结构 Catalog

目录结构指符合 XML 的 METS 规范的目录结构信息，包括目录节点名称、链接指向的页面文件编号。

3.10 资源结构 Guide

资源结构指将资源各部分内容组合成一个整体的内部结构关系，包括各资源片断间的并列、包含、从属、接续、引用关系等。

3.11 资源封装信息 Open Package Format

资源封装信息指数字对象封装成可发布与展示的资源过程中生成的各类信息。

4 原则

4.1 CADAL 项目制作完成的数字对象格式要求

——所有数据应以明码或公开的文件格式保存；
——数字对象能够在浏览器中进行展示。

——数字对象支持跨平台应用。

4.2 数字对象命名要求

所有文件命名应遵守 Q/CADAL 10111—2013《数字内容编码与内容标记规范》。

5 采集要素

CADAL 项目对图书数字化加工后形成的数字图书，要求必须包含以下 5 部分内容：
——典藏级图像文件；
——发布应用级图像文件；
——DC 元数据文件；
——目录结构信息文件；
——资源封装信息文件。

6 加工标准

6.1 典藏级图像文件的制作要求

典藏级图像文件是对通过扫描，或原生电子数据通过转换采集到的图像文件进行符合 Q/CADAL 10112—2013《数字对象加工与应用等级标准》的加工处理后得到的图像文件，存放于数字对象目录的“otiff”子目录下：
——每一页一个文件；
——文档从封面至封底，所有的页面(包括空白页、插页)都需要采集。

6.1.1 典藏级图像文件不同的基本要求

CADAL 项目针对不同的扫描方式，分别给出了扫描标准(见表 1)。

表 1 典藏级图像文件扫描标准

页面样式		纯文字黑白页面	配图黑白页面	彩色页面
dpi	传统扫描仪	600	600	600
	拍摄式扫描仪	≥300	≥300	≥300
色阶	传统扫描仪	黑白二值	8 位灰度	24 位彩色
	拍摄式扫描仪	24 位彩色	24 位彩色	24 位彩色
压缩方式	传统扫描仪	G4	JPEG/JPEG200	JPEG/JPEG2000
	拍摄式扫描仪	JPEG/JPEG2000	JPEG/JPEG2000	JPEG/JPEG2000

6.1.2 JPEG、JPEG2000 压缩参数设定要求

JPEG 压缩：需要将品质参数选成最高(100% Quality)。

JPEG2000 压缩：品质参数不低于 Kakadu 6.3 中的 Slope Value=51000(或 Kakadu 6.4 中的 Slope Value=42800)。

6.1.3 不完整图像处理要求

针对可能出现的原书缺页情况，CADAL 项目要求有明显标识。制作单位可采取如下两种方案。

方案一：在缺页处插入写有“原书缺页”的图像文件(见图 1)。

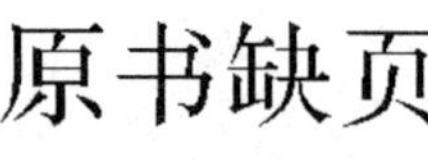

图 1 缺页替代样例

方案二：提供一个 XML 格式的加工过程记录文件，在其中描述清楚每个页面的情况。

6.1.4 拍摄式扫描的颜色管理

使用拍摄式扫描仪加工图书时，应符合如下要求：

——应建立摄影棚和漫反射光源系统；

——应在封面之前、封底之后各扫描一次标准色卡，用于日后颜色校正处理。

6.2 发布应用级图像文件

发布应用级图像文件是普通读者直接看到的页面，应保持基本的整洁。

6.2.1 CADAL 项目发布应用级图像文件的基本要求

——所有发布应用级图像文件应该页面整洁；

——主体文字内容不能出现 90°侧倒或 180°颠倒；

——页面整体倾斜不能超过 3°。

6.2.2 发布应用级图像文件的展现方式

所有发布应用级图像文件以 DjVu 的方式展现：

——对手写体文档，可直接由图像转换成单层 DjVu；

——对其他类型的文档，要求制作成双层 DjVu，其中上层为加工处理后的图像，下层为识别后对应的文本，并且要求双层 DjVu 文件中文字的位置与图像能重合(见图 2)。

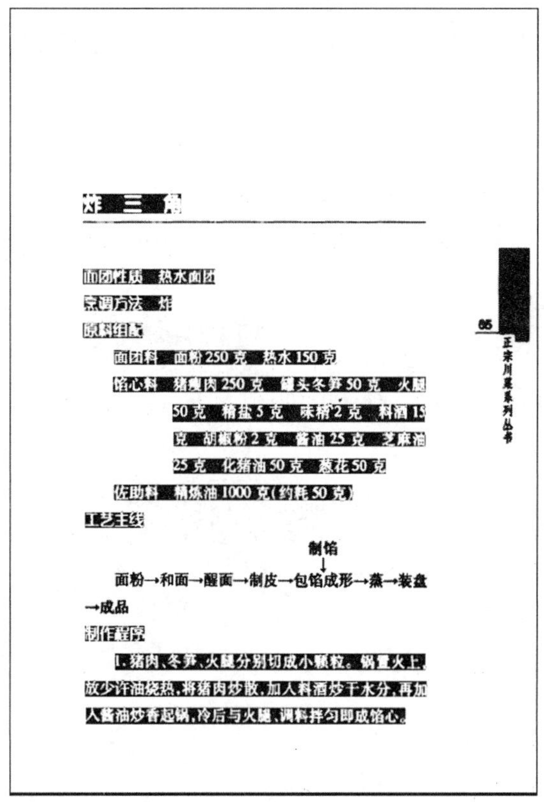

炸三角

面团性质　热水面团

烹调方法　炸

原料组配

面团料　面粉 250 克　热水 150 克

馅心料　猪瘦肉 250 克　罐头冬笋 50 克　火腿 50 克　精盐 5 克　味精 2 克　料酒 15 克　胡椒粉 2 克　酱油 25 克　芝麻油 25 克　化猪油 50 克　葱花 50 克

佐助料　精炼油 1000 克(约耗 50 克)

工艺主线

制馅
↓
面粉→和面→醒面→制皮→包馅成形→蒸→装盘→成品

制作程序

1. 猪肉、冬笋、火腿分别切成小颗粒。锅置火上，放少许油烧热，将猪肉炒散，加入料酒炒干水分，再加入酱油炒香起锅，冷后与火腿、调料拌匀即成馅心。

85

正宗川菜系列丛书

图 2　双层 DjVu 效果

所有发布应用级图像文件置于数字对象目录下的“ptiff”目录中，按每个图像页面一个文件的形式保存。

6.3　DC 元数据

DC 元数据存于数字对象目录下的“meta”目录中的“dc.xml”文件中，是以 Dublin Core 为核心，加上 CADAL 项目特有的元数据构成，制作要求详见《美术图像数字化元数据标准规范》。

6.4　目录结构信息文件

6.4.1　目录结构信息的基本要求

目录结构信息要求建立每个目录章节信息与发布应用级图像文件的文件名之间的对应关系，如：

示例 1：

```
<METS: div TYPE="Chapter" LABEL="清汤抄手" ORDERLABEL="4"><METS: fptr
FILEID="00000014"/></METS: div>
```

其中：

LABEL="清汤抄手"　　　　　　表示章节名

ORDERLABEL="4"　　　　　　表示章节编号

METS: fptr FILEID="00000014"　表示发布应用级图像文件的主文件名为"00000014"

目录结构信息存于数字对象目录下的"meta"目录中的"catalog. xml"文件中。

6.4.2 目录级别要求

对有目录页的图书，按目录页内容制作前三级内容。

对没有目录页的图书，需要由制作人员根据图书内文的章节信息制作 1～2 级目录。

6.5 资源封装信息

资源封装信息存于数字对象目录下的"meta"目录中的"a. opf"中，包括 4 部分内容，详见《数字内容编码与内容标记规范》。

资源结构信息需要保留：

——封面 Cover；

——书名页 Title；

——CIP 数据页 CIP Data；

——版权页 Copyright；

——插图 Illustration；

——目录 Content；

——摘要 Abstract；

——序言 Foreword；

——前言 Preface；

——感谢 Acknowledge；

——附录 Appendix；

——索引 Index；

——参考文献 Reference；

——后记 Postscript；

——封底 Back Cover。

做结构信息标记时，汉语资源用上述汉字词语来标记，非汉语资源用相应的英文单词来标记。

示例 2：

```
<guide>
    <reference type="Other" title="封面" href="ptiff/00000001.djvu"/>
    <reference type="Other" title="书名页" href="ptiff/00000003.djvu"/>
    <reference type="Other" title="版权页" href="ptiff/00000004.djvu"/>
    <reference type="Other" title="目录" href="ptiff/00000005.djvu"/>
    <reference type="Other" title="封底" href="ptiff/00000301.djvu"/>
</guide>
```

示例 3：

```
<guide>
    <reference type="Other" title="Cover" href="ptiff/00000001.djvu" />
    <reference type="Other" title="Title" href="ptiff/00000005.djvu" />
    <reference type="Other" title="Copyright" href="ptiff/00000006.djvu" />
    <reference type="Other" title="Foreword" href="ptiff/00000007.djvu" />
    <reference type="Other" title="Content" href="ptiff/00000013.djvu" />
    <reference type="Other" title="Preface" href="ptiff/00000019.djvu" />
    <reference type="Other" title="Appendex" href="ptiff/00000383.djvu" />
    <reference type="Other" title="Index" href="ptiff/00000391.djvu" />
    <reference type="Other" title="Back Cover" href="ptiff/00000399.djvu" />
</guide>
```

7 数字对象文件目录结构

存放内容指定如图 3 所示。

```
└—33039778 ………………………………………………………… 数字对象唯一标识符
        ├—meta
        |   ├—catalog.xml ……………………………………………… 目录数据
        |   ├—dc.xml ………………………………………………………… DC元数据
        |   └—a.opf ……………………………………………………… 资源封装文件
        ├—otiff ……………………………………………………………… 典藏级图像文件
        ├—ptiff ……………………………………………………………… 发布应用级图像文件
        └—oebbrowser.html ……………………………………………… 每本书的入口
```

图 3 单个数字对象文件存放目录结构

参 考 文 献

[1] 孙一钢，龙伟，赵四友. 数字资源加工标准研究报告[成果]. 项目年度编号：2002DEA20018. 完成单位：国家图书馆. 成果编号：CDLS-S03-008. 成果公布日期：2006-06.

[2] International Digital Publishing Forum. Open Packaging Format (OPF) 2.0.1 v 1.0.1. 2010-09-04. [2013-10-15]. http://www.idpf.orgepub20specOPF_2.0_latest.htm.

[3] The Library of Congress Standards, Metadata Encoding & Transmission Standard. 2012-03-22. [2013-10-15]. http://www.loc.gov/standards/mets/mets-schemadocs.html.

[4] LIZARD TECH, INC. DjVu Technology Primer. 2004-11. [2013-10-15]. http://djvu.org/docs/DjVu_Tech_Primer.djvu.

[5] LIZARD TECH, INC. Lizardtech DjVu Reference v3. 2005-11. [2013-10-15]. http://djvu.org/docs/DjVu3Spec.djvu.

[6] 牛筱桔，冯春术，金赛英. 美术图像数字化元数据标准规范. 中国美术学院图书馆. http://www.cadal.cn/bzgf/.

ICS 01.140.20
A 14

CADAL 项目标准

CADAL 10103.2—2013

Book Digitalization Specification

第一稿

2013-11-15

2013-11-15 发布　　2013-11-16 实施

CADAL 项目管理中心　发布

前 言

《CADAL 数字对象加工规范》分成 4 个部分，由 13 个标准组成。

——第 1 部分：CADAL 10101—2013 数字对象采集规范。

——第 2 部分：CADAL 10102—2013 数字对象制作基本流程规范，这部分根据加工对象的不同又分成 8 个子规范。

- 第 1 子规范：CADAL 10103.1—2013 图书期刊数字对象制作规范；
  CADAL 10103.2—2013 Book Digitalization Specification。
- 第 2 子规范：CADAL 10104—2013 报纸数字对象制作规范。
- 第 3 子规范：CADAL 10105—2013 文档数字对象制作规范。
- 第 4 子规范：CADAL 10106—2013 图片数字对象制作规范。
- 第 5 子规范：CADAL 10107—2013 古籍数字对象制作规范。
- 第 6 子规范：CADAL 10109—2013 视频数字对象制作规范。
- 第 7 子规范：CADAL 10110—2012 音频数据加工标准与操作规范。
- 第 8 子规范：CADAL 10227—2012 缩微胶片数字化加工标准与操作规范。

——第 3 部分：CADAL 10111—2013 数字内容编码与内容标记规范。

——第 4 部分：CADAL 10112—2013 数字对象加工与应用等级标准。

本标准为第 2 部分的第 1 子规范之二。

《CADAL 数字对象加工规范》代替 CADAL 项目一期制定的《数字化文本加工规范草案》。

本标准由大学数字图书馆国际合作计划(CADAL)项目管理中心提出并归口。

本标准起草单位：CADAL 项目管理中心、美国互联网档案馆(Internet Archive)。

本标准主要起草人：郑传双、Robert Miller、薛霏。

引　言

数字对象加工规范是数字图书馆资源建设的基础，制定数字对象加工规范的目的是让数字图书馆资源建设单位，在数字对象采集、加工、封装、存储等环节中有统一的规格和操作方法，保持数字资源的格式与内容形式的一致性。

《CADAL 数字对象加工规范》是 CADAL(China Academic Digital Associative Library)项目关于数字对象加工的规范集，是 CADAL 项目数字对象加工必须遵从的基础性企业标准。

《图书期刊数字对象制作规范》的基本目的是保证 CADAL 项目图书期刊资源采集质量，主要解决：

(1) 界定图书期刊资源的加工目标；

(2) 规定图书期刊资源的成品数字资源格式、内容、保存方式。

此规范由 CADAL 项目管理中心和美国互联网档案馆(Internet Archive)共同制定，并在各自项目中遵循，相关中文内容请参考 CADAL 10103.1—2013 图书期刊数字对象制作规范。

China Academic Digital Associative Library
(CADAL Ⅱ)
&
Internet Archive

Book Digitalization Specification

(Version: 1.0)

China Academic Digital Associative Library
Internet Archive
Datum Data Co., Ltd.
"China Academic Digital Associative Library" Shenzhen Scanning Center
Nov. 15th, 2013

Contents

Chapter 1 Abstract

A new specification for the digitization of books is specified in this document. This specification is made backward compatible with formats in which millions of books have already been digitized by CADAL and Internet Archive (IA). This specification will incorporate the latest development in technology for the most efficient production of digital books, in time for the next phase of book digitization of the Chinese Digital Academic Library Project. The specification will also be made adequately flexible to readily incorporate future technology advancements.

Chapter 2 Introduction

Both CADAL and Internet Archive have digitized millions of books for the Chinese Digital Academic Library Project. These books are in different formats which hinder the library system in its presentation, storage, and transmission of these books. A new specification that will unify work from these different organizations is thus in order.

As part of its "211 Project", the Chinese government funds a book digitization project to put a large number of academic books in electronic form into the public domain. On-going projects CADAL (China Academic Digital Associative Library), formerly known as China-American Digital Academic Library and CALIS (China Academic Library & Information System) were adapted into this framework. Internet Archive (IA), a US-based non-profit organization, was introduced as a player in this project in providing digitized books acquired from US-based libraries. Both CADAL and IA have millions of books already in digital form. However, they are in many different formats. Both CADAL and IA used Datum in their production of digital books in the past and plan to continue to work with it in their next phase of digital book production. Datum aims to use the most advanced technology in its production of digital books to maximize output. CADAL and IA want to keep up with the latest technology in digital books to facilitate the publishing, presentation, transmission, storage, indexing, cataloging, searching and other library services. A specification that will guide the various aspects of the digital book industry is thus called for. This specification will serve a much wider audience than the three aforementioned organizations of this specification.

Chapter 3　Authors

Section 1　CADAL

CADAL (China Academic Digital Associative Library) is a joint venture among China's top educational and research institutions led by Zhejiang University with funding from the Chinese central government to build a digital library for China's higher education system.

CADAL's goal is to build a multi-discipline, multi-media, multi-lingual, high tech academic digital library incorporating a wide range of digital resources from domestic and foreign sources. It also aims to serve as a model for the development of digital libraries to a wider audience. It is a test ground for the selection of current and development of new technologies to prepare for the information age of society as a whole. It is now adapted by China's "211 Project" as the main foundation of its digital information system. This project received international contribution from industrial, academic and educational organizations in the United States and India.

During its first phase, the Chinese government invested 70 million RMB while US partners invested 2 million US dollars to digitize over 1 million books. This effort was led by Zhejiang University and Graduate School of Chinese Academy of Sciences, joined by 16 other Chinese educational institutions, including Peking University, Tsinghua University, Fudan University, Nanjing University, etc. Two digital library technical centers (Zhejiang University and Graduate School of Chinese Academy of Sciences) and 14 digital resource centers (Peking University, Tsinghua University, etc.) were set up. A sophisticated management system and service providing platform were established to effectively deal with TB (terra byte) class of digital information. It has accomplished its goal of laying the technical foundation for further development of China's digital library system.

On August 14, 2009, experts from the Higher Education Division of China's Department of Education conducted a review on CADAL's Feasibility for Further Development Report drafted by Zhejiang University and other universities and organizations. This report received unanimous approval from all members of the review board. The second phase of CADAL was officially approved. The goal is to digitize another 1.5 million titles of books, and to set up distributed data centers and service system, to ensure data security and provide global services. The Chinese government plans to invest 150 million RMB on it and it is planned to be completed within 3 years.

CADAL's digital library offers one-stop customized information services, which cover many fields and disciplines in the academic world such as science, technology, agriculture, medicine, humanities, social science, culture, arts, painting, architecture, etc. It supports teaching and research activities of domestic and foreign academic organizations via the Internet. Moreover, it serves to facilitate sharing China's academic resources and achievements with the rest of the world. CADAL also plays an important role in promoting China's culture and history world-wide.

Section 2 Datum Data Co., Ltd.

Datum is currently the largest book digitization services provider in China. Datum is a pioneer in the data processing industry in China, and has been a technological leader since its incept in 1996. It has provided book processing services to the National Library of China, the National Library of Singapore, and many Chinese and foreign libraries, and the main digitization service provider for Phase Ⅰ of CADAL. Datum commands good knowledge of book digitization and has the infrastructure to conduct large scale, high quality book digitization work. Over its 17 years in the data processing industry, Datum has acquired extensive experience and expertise in serving many industries and customers. Technical and operational training for Phase Ⅱ of CADAL will also be conducted at Datum. Datum is one of the commercial companies participating in the CADAL project.

Section 3 Internet Archive (IA)

The Internet Archive is a US-based non-profit that was founded to build an Internet library. Its purpose includes offering digital access for researchers, historians, scholars, people with disabilities, and the general public to historical collections that exist in digital format.

Founded in 1996 and located in San Francisco, the Archive has been receiving data donations from Alexa Internet and others. IA, from its extensive experience in digitizing books, also offers low cost machinery design for fast scanning of books in a large production scale.

Chapter 4 Scope

This standard will provide:

1. CADAL and IA with guidelines and specifications for their book digitization operations and end products.

2. Guidelines and technical specifications for the transformation of books in formats from Phase Ⅰ of CADAL and IA's own collections to the new proposed formats specified in this standard.

3. An interface for the sharing of digital resources between CADAL and IA.

For the related specification in Chinese version, please refer to CADAL 10103.1—2013.

Chapter 5 Equipment

Section 1 High Speed Scanner

High-speed scanners with automatic document feeder require cutting off the book's spine and turn a book into a sheaf of loose-leaf papers. These scanners are not suitable for books that are high value, collectors' items or rare old ones where replacing the content of the books is difficult. Loose pages may need to be sorted before rebinding. All these add to the cost of the operation. However, it is still the most cost effective way of quickly scanning books or magazines. Scanners of this sort are often low cost and commonly available in many places, making them very accessible.

Section 2 Flatbed Scanners

The most common commercial book scanners are the so-called overhead scanners. A book is placed on a flat glass plate (or platen), and a light and optical array moves across the book underneath the glass. This type of scanners is often quite expensive, usually costing over $10,000 a piece. Turning the pages is often done manually making it not very efficient. This type of scanners is fading out of the market. In some manual book scanners, the glass plate extends to the edge of the scanner, making it easier to line up the book's spine.

Section 3 Non-destructive Scanning Station

The most common commercial scanners at present came to the market due mainly to the availability of relatively low cost high quality digital cameras. Books are placed face-up on a V-shaped frame/cradle (Figs. 1 & 2), and pages are lit and photographed from above. Pages may be turned by hand or by automated paper transport devices. Glass or plastic sheets are usually pressed against the page to flatten it.

Scanned images are directly sent to a computer connected with the cameras. After scanning, software adjusts the document images by lining it up, cropping it, picture-editing it, and converting it to text and final e-book form. Human proofreaders usually check the output for errors.

The scribe scanning station (Fig. 3) and software is an example of such a scanning system. These scanners are commercially available. IA designed and built a scanner along with the software used for the CADAL project. Datum uses the IA equipment and software.

Fig. 1 Book cradle and foot pedal

Fig. 2 Book cradle

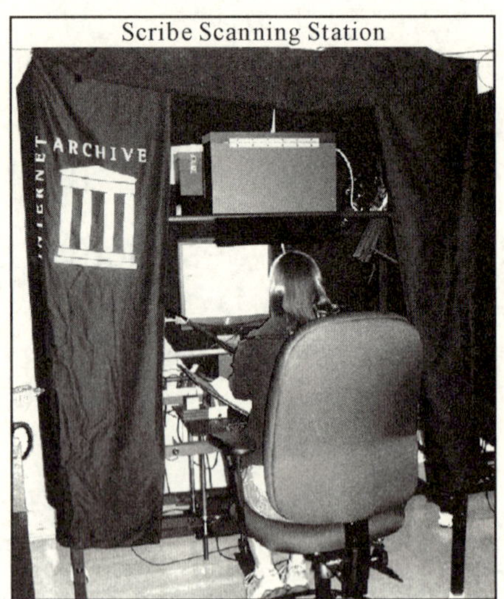

Fig. 3 Scribe scanning station

Chapter 6 Output Formats

Section 1 Overview

Digital books should be in a combination of files listed below.

Original TIFF (acronym: OTIFF):

Image files outputted by scanner directly, or just cropped and skewed.

Processed TIFF (acronym: PTIFF):

Image files are converted from OTIFF.

Dublin Core (acronym: DC):

XML metadata implementation for MARC or created manually for books without MARC.

Machine-Readable Cataloging (acronym: MARC):

Binary MARC record if available.

Operational Metadata (acronym: O-META):

XML implementation for operational metadata collected during digitization.

Table of Content (acronym: TOC):

XML code for table of content (TOC) with hyperlink for TOC items.

Structural Metadata (acronym: S-META):

Structural metadata XML including the following elements:

i. Front/Back cover;
ii. Title page;
iii. Copyright page;
iv. Tissue paper (if found in the book);
v. Inscription page;
vi. Foreword page;
vii. Contribution page;
viii. Acknowledgement page;
ix. Content page;

x. Abstract page;
xi. Preface page;
xii. Text page;
xiii. Quotation page;
xiv. Index page;
xv. Reference page;
xvi. Table index page;
xvii. Figure index page;
xviii. Illustration index page;
xix. Glossary page;
xx. Appendix page;
xxi. Notes page.

All the parts should be constructed into a directory:

```
Digital Book Collection ........................................ A collection of digital book
  └—Digital Book Item ................................................... Book ID
        ├—meta
        |    ├—marc.iso ..................................... MARC data in ISO 2709
        |    ├—catalog.xml ................................................. TOC
        |    ├—dc.xml ....................................................... DC
        |    └—a.opf ................................................... S-META
        ├—otiff ........................................................ OTIFF
        ├—ptiff ........................................................ PTIFF
        └—other ....................................................... O-META
```

Section 2 Spec Levels

As this specification will be adopted by CADAL and IA while both of them already possess a lot of digital books produced under other standards, this specification should accommodate those books. Thus, three levels of compliance with this standard are defined.

Level 1: Scanned Books

Digital books at this level should possess OTIFF, PTIFF, DC, MARC and O-META.

Digital books at this level can be transferred to Level 2 if S-META is added.

Level 2: Structured Digital Books

Digital books at this level should include OTIFF, PTIFF, DC, MARC, O-META and S-META.

Digital books at this level can be transferred to Level 3 if TOC is added.

Level 3: Cataloged Digital Book

Digital books at this level should include OTIFF, PTIFF, DC, MARC, O-META, S-META and TOC.

All books should be digitized in the future to comply with the standard at this level.

Section 3 Original Images

Original images are files directly out of scanners or processed with cropping and de-skewing operations only. All original images should be put into folder OTIFF.

Scope

Original images should include every page from front to back cover. All files should be named as a serial starting from 0001 with a leading string.

Example Ⅰ: A book has 298 pages in total. We can name the original images as:

Serial 1:

00000001.jp2
00000002.jp2
00000003.jp2
...
00000297.jp2
00000298.jp2

Or serial 2:

annotatedbible04gaeb_0001.jp2
annotatedbible04gaeb_0002.jp2
annotatedbible04gaeb_0003.jp2
...
annotatedbible04gaeb_0297.jp2
annotatedbible04gaeb_0298.jp2

Any legal string in a filename system can be used as the leading string.

As images are produced using different kinds of scanners, this specification accepts images with specs listed below (Table 1):

i. 600 dpi back and white images in CCITT Group 4 format.

ii. 600 dpi gray images in JPEG or JPEG2000 format.

iii. 300 dpi or higher color images in JPEG or JPEG2000 format.

This specification recommends compression ratios with the highest quality for JPEG format. And it recommends the JPEG 2000 format.

Table 1 Flatbed scanner us. scribe

Page Style		Black & White	Black & White with Illustrations	Color
dpi	Flatbed Scanner	600	600	600
	Scribe	≥300	≥300	≥300
Color	Flatbed Scanner	B/W	8 bit gray	24 bit Color
	Scribe	24 bit Color	24 bit Color	24 bit Color
Compression	Flatbed Scanner	CCITT G4	JPEG/JPEG2000	JPEG/JPEG2000
	Scribe	JPEG2000	JPEG2000	JPEG2000

As for JPEG 2000 compression, a fixed "rate-distortion slope" is used, which assures consistent quality. Compression ratios accordingly vary with the complexity of the page (very small files for blank and nearly blank pages). A slope of 5,1000 in Kakadu version 6.3 is presently used. It will change upon any upgrade of Kakadu (or equivalent). As the interpretation of the slope value changes in version 6.4, the equivalent of 51,000 in newer versions will be 42,800.

Color Management

A color target [Color Checker 24 (Fig. 4) or equivalent] is scanned as a reference for each book, and may be used for ICC-based color management.

If a book is scanned with a flatbed scanner or scribe with single camera, one image of color target should be scanned and named as 0000 with the serial leading string. For example, it should be named 00000000.jp2 or annotated bible04gaeb_0000.jp2.

If a book is scanned with a scribe with 2 cameras, two image files of the color target should be scanned and named as 0000 with the serial leading string for the first one. The other one should be named in the serial following the back cover. For example, the first one should be named 00000000.jp2 or annotated bible04gaeb_0000.jp2, and the other one 00000299.jp2 or annotated bible04gaeb_0299.jp2.

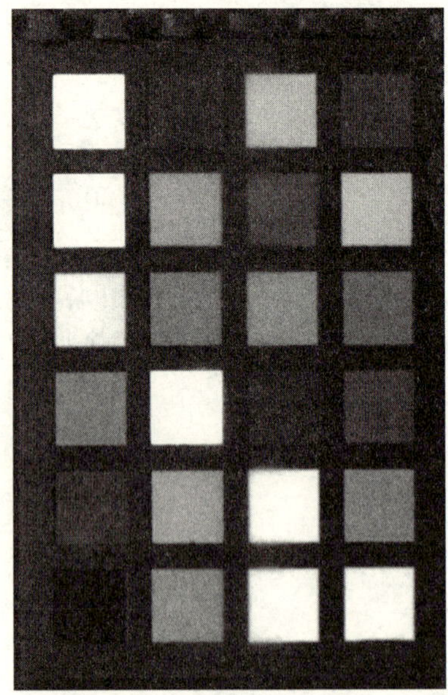

Fig. 4 Color Checker 24

Quality Requirements for Original Images

A scanned image cannot skew more than 3 degree. It is not allowed to have some part of the image distorted and skewed. Words close to the gutter may cause some distortion. But the whole body of the text should be clearly legible. The exception is if the original image is skewed, an operator will decide if the image needs de-skewing post image capture.

Scanned images should be clean with an appropriate color depth and weight. Incomplete and overlapping text must be prevented, even if this problem is caused by the quality of the book. When the page of the book is too thin or the text color is too deep, the text on the negative page may reflect on the scanned images, and the images cannot be decontaminated. The body of text must be clearly legible. Noise marks on the scanned image cannot exceed 0. 5 cm. Fingerprints and other noise marks can not affect proper reading of the book.

Section 4 Processed Images

Processed images should be a set of text hidden DjVu files in the PTIFF folder.
Processed images should have identical filenames as original images.
Example Ⅱ:

00000001.djvu should be created from 00000001.jp2
00000002.djvu should be created from 00000002.jp2
...

Quality Requirements for Processed Images

Processed images should be centered. Headers and footers are complete. Images should match the book pages. Text or illustration on the page must not be lost.

All noise marks, stains, fingerprints or shadow must be removed.

The inclination of the page is no more than 3 degrees. If the scanned book itself contains stain, defect, rust, then the legibility of the scanned images should be no less than that of the original book. Images after processing must be fully consistent with the original book. All useful information pages, including text content, header, footer, handwritten notes and stamps, etc. (except for the library collection chapter) must be preserved.

Processed images should have a hidden text. Every line of the text should lie on the same position as it appears in original image.

Example Ⅲ: A page of DjVu (Fig. 5).

12 THE BOOK OF PROVERBS

knowledges him as His child. Obedience to parents is not only commanded in the law dispensation; it is as prominent in the dispensation of grace, as we learn from Ephesians vi:1 and Colossians iii:20. One of the marks of the last days among those who profess Christianity, who have the form of godliness but have not the power of it, is "disobedience to parents" (2 Timothy iii). Such disobedience, so prominent to-day among professing Christians, is coupled with disobedience to God and rejection of His Word. Much of the ungodliness to-day has its source in this disobedience. This is followed by warning against wicked associates, those who are lawless and desperate men, thieves and murderers, who pass through the country greedy for gain. Solomon is exhorted not to walk in the way with them. The one who fears the Lord walks in separation and keeps away from the paths of the wicked. Verse 16 is quoted by Paul in the third chapter of Romans. There is a striking resemblance of this passage to Psalm x in which we have a description of the wicked, prophetically indicating the man of sin. (See annotations on that Psalm.)

3. The Appeal of Wisdom. Verses 20-33. Wisdom now speaks and wisdom in this first section of Proverbs is a person, a Divine person. The eighth chapter gives us a wonderful vision of that Person, the Son of God, who is the Wisdom. First stands the call of Wisdom. The call may be answered or rejected. Wisdom promises if the call is obeyed, "Behold, I will pour my Spirit unto you, I will make known my words unto you." But if the call is refused the consequences will be disastrous. The appeal of Wisdom closes with a precious promise.

"But whoso hearkeneth unto me shall dwell safely
And shall be quiet from fear of evil."

This appeal of wisdom, the call, the promise, the refusal and the calamity of the refusal to listen to Him who speaks furnishes an excellent theme for preaching the Gospel to the unsaved.

Fig. 5 A page of DjVu

Section 5 Dublin Core

Metadata will reside in the meta. xml file, and will include the following kernel elements of Dublin Core (DC) :

i. Title;
ii. Creator;
iii. Subject;
iv. Contributor;
v. Description;
vi. Date;
vii. Format;
viii. Language;
ix. Type;
x. Source;
xi. Identifier;
xii. Coverage;
xiii. Publisher;
xiv. Relation;
xv. Rights;

It also includes two extra elements:

xvi. Edition;
xvii. Marc.

Example Ⅳ: A DC file.

```
<? xml version="1.0" encoding="utf-8" ? >
<dublincorexmlns: dc="http: //purl. org/dc/elements/1. 0/" xmlns: xsi="http: //www. w3.
org/2001/XMLSchema-instance" xmlns: dcterms="http: //purl. org/dc/terms/">
<dc: title>The annotated Bible; the Holy Scriptures analyzed and annotated</dc: title>
<dc: creator>Gaebelein, Arno Clemens, 1861—1945</dc: creator>
<dc: subject>Bible</dc: subject>
<dc: publisher>New York, Publication office "Our hope"</dc: publisher>
<dc: date>1913</dc: date>
<dc: created>2012-05-08</dc: created>
<dc: type>Book</dc: type>
<dc: format>Image/Djvu(. djvu)</dc: format>
<dc: language>eng</dc: language>
<dc: identifierxsi: type="bookid">44387851</dc: identifier>
<dc: identifierxsi: type="ia">annotatedbible04gaeb</dc: identifier>
<dcterms: accessrights>The access limited around the compus-network users</dcterms: accessrights>
<createcentre>Internet Archive</createcentre>
<location>Zhejiang University</location>
</dublincore>
```

For more details, please refer to Chapter Ⅶ.

Section 6 Operation Metadata

Operation metadata will include the following elements if necessary:

i. Operator;
ii. Scanning Center;
iii. Scanner;
iv. Scan Date;
v. Digital Book Publisher;
vi. Digital Book Publishing Date;
vii. Identifier/Access (CADAL Book ID or URL for accessing this book is found at: www. archive. org/details/identifer).

Section 7 Catalog XML

This specification requires creating a catalog XML based on table of contents. This XML file should follow the XML METS specs. Each item in the TOC should follow format below:

```
<METS: div TYPE="Chapter" LABEL="label name" ORDERLABEL="label id">
  <METS: fptr FILEID="hyperlink id"/>
</METS: div>
```

And it requires manually creating a catalog XML based on content if a book does not have TOC.

Quality Requirements for Catalog XML:

The label name should be 99.97% in characters accurate or higher.

The hyperlink id should be checked one by one to ensure "no error".

Section 8 Structure Metadata

This specification requires creating structure metadata including:

a) Front/Back cover

b) Title page

c) Copyright page

d) Tissue paper (if found in the book)

e) Inscription page

f) Foreword page

g) Contribution page

h) Acknowledgement page

i) Content page

j) Abstract page

k) Preface page

l) Text page

m) Quotation page

n) Index page

o) Reference page

p) Table index page

q) Figure index page

r) Illustration index page

s) Glossary page

t) Appendix page

u) Notes page

Every element should include a hyperlink to the page in which it appears.

Example Ⅴ: S-Meta of a book

```
<reference type="" title="Cover" href="ptiff/00000001.djvu" />
<reference type="" title="Title" href="ptiff/00000007.djvu" />
<reference type="" title="Copyright" href="ptiff/00000008.djvu" />
<reference type="" title="Catalog" href="ptiff/00000011.djvu" />
<reference type="" title="Content" href="ptiff/00000021.djvu" />
<reference type="" title="Back cover" href="ptiff/00000504.djvu" />
```

Chapter 7 DC Completing Specification

A Title

Name: Resource name.

Mark: title.

Definition: Assigned name of the resource.

Note: This name generally refers to the official name known to public of the resource.

Example:

<dc: title>Principles of modern chemistry</dc: title>

B Creator

Name: Creator.

Mark: creator.

Definition: The principle person responsible for creating the resource.

Note: Examples of the creators include individual, organization or service. Normally, the creator's name appears here.

Example:

<dc: creator>Miller, Paul</dc: creator>

C Subject

Name: Subject and keywords.

Mark: subject

Definition: Subject and keywords of the related resources.

Note: Generally speaking, we use keywords, phrases or DOI of the related resources for the subjects and keywords.

We recommend that the subjects and keywords are from a controlled vocabulary for a standardized classification system.

Example:

<dc: subject>Chemistry </dc: subject>

D Description

Name: Description.

Mark: description.

Definition: Description of the resource contents.

Note: The description element will include but not limited to the following: Abstracts, directory, description of the charts or free text description of the contents.

Example:

<dc: description> A textual description of the content of the resource, including abstracts in the case of document-like objects or content descriptions in the case of visual resources. </dc: description>

E Publisher

Name: Publisher.

Mark: publisher.

Definition: The responsible person who can enable others to acquire and utilize the resource.

Note: Examples of Publisher include individual, organization or service. Normally, we input the publisher's name for this item.

Example:

<dc: publisher>NORDINFO</dc: publisher>

F Contributor

Name: Other responsible persons.

Mark: contributor.

Definition: Other responsible persons who contribute to the resources.

Note: Examples of contributor include individual, organization or service. Normally, we input the contributors' names for this item.

Example:

<dc: contributor>Miller, Paul</dc: contributor>

G Date

Name: Date.

Mark: date.

Definition: The special dates related to the events of the resource's life cycle.

Note: Normally, this date should be related to the creation date or publication date of the resources. We recommend the operator to use the format following the ISO 8601 and use the YYYY-MM-DD format.

Example:

<dc: date>1997-04-24</dc: date>

H Type

Name: Type.

Mark: type.

Definition: The Characteristics and types of resources.

Note: Methods to judge the type of the resource include: the classification, the functions, the characteristics and collection-level terms. We commend using the values from the controlled vocabularies, e.g. [DCT1]. For the physical or digital manifestation, FORMAT element should be used.

Example:

<dc: type>Book</dc: type>

I Format

Name: Format.

Mark: format.

Definition: Physical or digital manifestation of the resources.

Note: Normally, Format includes the form or size of the media. The Format element can determine the software and hardware required for the operation and display of the resources.

Example:

<dc: format>Image/Djvu(. djvu)</dc: format>

J Identifier

Name: Resource Identifier.

Mark: identifier.

Definition: The clear reference of the resources in a given text environment.

Note: We recommend using character or number string consistent with formal identification system. The examples of formal identification system include URI, URL, DOI and ISBN.

Example:

<dc: identifierxsi: type="bookid">44415934</dc: identifier>

<dc: identifierxsi: type="ia">birdwatchingfora00hunk</dc: identifier>

<dc: identifierxsi: type="isbn">9780871062345</dc: identifier>

<dc: identifierxsi: type="isbn">0871062348</dc: identifier>

K Source

Name: Source.

Mark: source.

Definition: Quoting other resources, it is the source of the current resource.

Note: Part or all of the present resource may be derived from the resources identified. We recommend using character or number string consistent with formal identification system for the resource identification.

Example:

<dc: source>Knight and Hamilton: Dublin Core Qualifiers</dc: source>

L Language

Name: Language.

Mark: language.

Definition: Language used for the description of the resource.

Note: We recommend using the language code defined by the RFC 1766 for the value in this element. This standard defines a two-letter language code (Taken from the ISO 639 standard). Alternatively, we can add a two-letter country code after it. (taken from the ISO 3166 standard.). E. g. en refers to English, fr refers to French or use en-uk to refer to British English.

Example:

<dc: language>eng</dc: language>

M Relation

Name: Relation.

Mark: relation.

Definition: Reference to a related resource.

Note: We recommend using character or number string consistent with formal identification system for this item.

Example:

<dc: relation> http: //www. oclc. org: 5046/oclc/research/conferences/metadata2/ </dc: relation>

N Coverage

Name: Coverage.
Mark: coverage.
Definition: Extension and coverage of the resources.
Note: Typical coverage include the description of location (a place name or geographic coordinates), description of time period (a date or a time range) or description of rights (authorized entities named). We recommend using controlled vocabularies, such as TGN for the coverage, try to use coordinates or date ranges with number to describe the place and time.
Example:

<dc: coverage>Scandinavia</dc: coverage>

O Rights

Name: Rights.
Mark: rights.
Definition: The rights and privilege information of the resource.
Note: Normally, the right element should include a privilege management statement for the resource or provide the reference to service usage. The rights management normally include IPR, copyrights and other kinds of property rights. Without any remarks on the rights element, one can not make any assumptions about the rights ownership of the resource.
Example:

<dc: rights>Public domain</dc: rights>

<dcterms: accessrights>The access limited around the compus-network users</dcterms: accessrights>

<createcentre>Internet Archive</createcentre>

<location>Zhejiang University</location>

P Edition

Name: Edition.
Mark: edition.
Definition: Include the original material edition and history.
Note: History would be recorded in label "History".

<dc: edition>Edition 2nd</dc: editon>

Q MARC

Name：MARC.

Mark：marc.

Definition：Include the original material edition and history.

Note：History would be recorded in label “History”.

<dc: marc>marc. iso</dc: marc>

ICS 01.140.20
A 14

C A D A L 项 目 标 准

CADAL 10104—2013

报纸数字对象制作规范

Specification of Newspaper Digitization

第二稿

2013-10-15

2013-10-15 发布 2013-10-16 实施

CADAL 项目管理中心 发 布

目　次

前　言

《CADAL 数字对象加工规范》分成 4 个部分，由 13 个标准组成。

——第 1 部分：CADAL 10101—2013 数字对象采集规范。

——第 2 部分：CADAL 10102—2013 数字对象制作基本流程规范，这部分根据加工对象的不同又分成 8 个子规范。

• 第 1 子规范：CADAL 10103.1—2013 图书期刊数字对象制作规范；
CADAL 10103.2—2013 Book Digitalization Specification。

• 第 2 子规范：CADAL 10104—2013 报纸数字对象制作规范。

• 第 3 子规范：CADAL 10105—2013 文档数字对象制作规范。

• 第 4 子规范：CADAL 10106—2013 图片数字对象制作规范。

• 第 5 子规范：CADAL 10107—2013 古籍数字对象制作规范。

• 第 6 子规范：CADAL 10109—2013 视频数字对象制作规范。

• 第 7 子规范：CADAL 10110—2012 音频数据加工标准与操作规范。

• 第 8 子规范：CADAL 10227—2012 缩微胶片数字化加工标准与操作规范。

——第 3 部分：CADAL 10111—2013 数字内容编码与内容标记规范。

——第 4 部分：CADAL 10112—2013 数字对象加工与应用等级标准。

本标准为第 2 部分的第 2 子规范。

《CADAL 数字对象加工规范》代替 CADAL《数字化文本加工规范草案》。

本标准由大学数字图书馆国际合作计划(CADAL)项目管理中心提出并归口。

本标准起草单位：深圳市点通数据有限公司、杭州中元数据科技有限公司、浙江大学图书馆。

本标准主要起草人：郑传双、周小芳、薛霏。

引　言

数字对象加工规范是数字图书馆资源建设的基础，制定数字对象加工规范的目的是让数字图书馆资源建设单位，在数字对象采集、加工、封装、存储等环节中有统一的规格和操作方法，保持数字资源的格式与内容形式的一致性。

《CADAL 数字对象加工规范》是 CADAL(China Academic Digital Associative Library)项目关于数字对象加工的规范集，是 CADAL 项目数字对象加工必须遵从的基础性企业标准。

《报纸数字对象制作规范》的基本目的是保证 CADAL 项目报纸资源采集质量，主要解决：

(1) 界定报纸资源的加工目标；

(2) 规定报纸资源的成品数字资源格式、内容、保存方式。

报纸数字对象制作规范

1 范围

本部分规定了报纸数对象制作过程中的原则、采集要素、加工标准、存储格式、目录结构、特例处理等。

本部分适用于报纸数字对象加工制作过程管理与质量检测。

2 规范性引用文件

下列文件对于本文件的应用是必不可少的。凡是注日期的引用文件，仅所注日期的版本适用于本文件。凡是不注日期的引用文件，其最新版本（包括所有的修改单）适用于本文件。

GB/T 3469　文献类型和文献载体代码
GB/T 3792.1　文献著录 第1部分 总则
ISO10646—1：2000　信息技术——通用多八位编码字符集
CADAL 10101—2013　数字对象采集规范
CADAL 10102—2013　数字对象制作基本流程规范
CADAL 10111—2013　数字内容编码与内容标记规范
CADAL 10112—2013　数字对象加工与应用等级规范
CADAL 10301—2012　数字对象唯一标识符规范
CADAL 10302—2012　数字对象内部标识与命名规范

3 术语和定义

3.1 数字对象 Digital Object

数字对象指一组通过数字化加工得到的、描述一个特定的实物资源的、可存储于计算机并可利用计算机技术进行再现的数据集合。

3.2 报纸数字对象 Newspaper Digital Object

报纸数字对象指从报纸资源（包括原始出版物、缩微或影印复制品）中采集、加工得到的数字对象。

3.3 原始图像 Original Image

原始图像指通过初始扫描、摄影、转换等手段直接获取的图像文件。

3.4 典藏级文件 Archive File

典藏级文件指数字对象采集过程中所获得的原始图像文件、原始音频文件、原始视频文件经过本规范许可的加工方法处理后得到的高精度、无压缩(或高品质压宿)的文件。

3.5 发布应用级文件 Application File

发布应用级文件指典藏级文件经过本规范许可的加工方法处理后得到的用于网上在线浏览的文件或特定应用的各类派生文件。

3.6 双层 DjVu Text Hidden DjVu

双层 DjVu 指通过 OCR 等技术手段，将原文中每行文字内容放在底层，上层放置原始图像，继而形成的 DjVu 格式的文件。

3.7 单层 DjVu Image Only DjVu

单层 DjVu 指由原始图像直接转换而成的 DjVu 文件。

3.8 DC 元数据 DC Meta

DC 元数据指 Dublin Core 元数据。

3.9 目录结构 Catalog

目录结构指符合 XML 的 METS 规范的目录结构信息，包括目录节点名称、链接指向的页面文件编号。

3.10 资源结构 Guide

资源结构指将资源各部分内容组合成一个整体的内部结构关系，包括各资源片断间的并列、包含、从属、接续、引用关系等。

3.11 资源封装信息 Open Package Format

资源封装信息指数字对象封装成可发布与展示的资源过程中生成的各类信息。

3.12 缩略图 Thumbnails

缩略图指典藏级文件经过等比例缩小后，用于展示报纸整版原版结构的页面文件。

4 原则

4.1 CADAL 项目制作完成的数字对象格式要求

——所有数据应以明码或公开的文件格式保存；
——数字对象能在浏览器中进行展示；
——数字对象支持跨平台应用。

4.2 数字对象命名要求

所有文件命名应遵守 Q/CADAL 10111—2013《数字内容编码与内容标记规范》。

5 采集要素

CADAL 项目对报纸数字化加工后形成的数字对象，每一期算一个数字对象，每个数字对象应包含以下五部分内容：
——典藏级图像文件；
——发布应用级图像文件；
——DC 元数据文件；
——目录结构信息文件；
——资源封装信息文件。

6 加工标准

6.1 典藏级图像文件的制作要求

典藏级图像文件是对通过扫描，或通过转换原生电子数据采集到的图像文件进行符合 Q/CADAL 10112—2013《数字对象加工与应用等级标准》的加工处理后得到的图像文件，存放于数字对象目录的“otiff”子目录下：
——每一版一个文件；
——原报所有的版面(包括广告版面)都需要采集。

6.1.1 典藏级图像文件不同的基本要求

CADAL 项目针对不同的扫描方式，分别给出了扫描标准(见表 1)。

表 1　典藏级图像文件扫描标准

页面样式		纯文字黑白页面	配图黑白页面	彩色页面
dpi	传统扫描仪	≥300	≥300	≥300
	拍摄式扫描仪	≥300	≥300	≥300
色阶	传统扫描仪	黑白二值	8 位灰度	24 位彩色
	拍摄式扫描仪	24 位彩色	24 位彩色	24 位彩色
压缩方式	传统扫描仪	G4	JPEG/JPEG2000	JPEG/JPEG2000
	拍摄式扫描仪	JPEG/JPEG2000	JPEG/JPEG2000	JPEG/JPEG2000

6.1.2　JPEG、JPEG2000 压缩参数设定要求

JPEG 压缩：需要将品质参数选成最高(100% Quality)。

JPEG2000 压缩：品质参数不低于 Kakadu 6.3 中的 Slope Value＝51000(或 Kakadu 6.4 中的 Slope Value＝42800)。

6.1.3　不完整内容处理要求

针对可能出现的原报缺版，或报纸版面破损导致内容缺失的情况，数字对象采集单位应提供一个 XML 格式的加工过程记录文件，在其中描述清楚每个版面的情况。

示例 1：

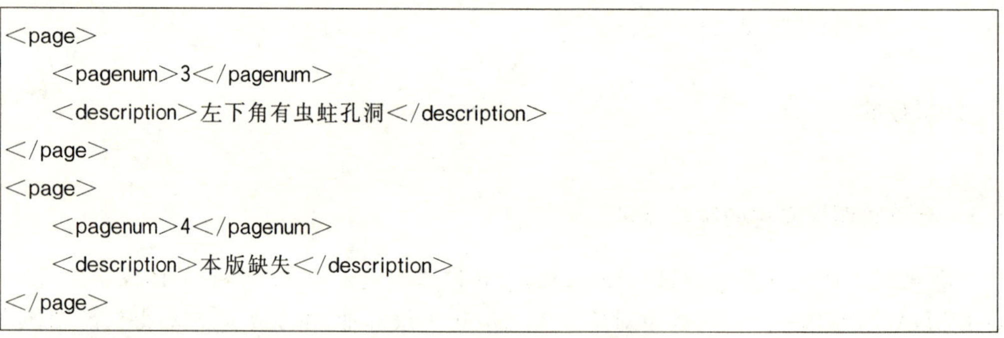

```
<page>
    <pagenum>3</pagenum>
    <description>左下角有虫蛀孔洞</description>
</page>
<page>
    <pagenum>4</pagenum>
    <description>本版缺失</description>
</page>
```

6.1.4　拍摄式扫描的颜色管理

使用拍摄式扫描仪加工图书时，应符合如下要求：

——应建立摄影棚和漫反射光源系统；

——应在第一版之前、最后一版之后各扫描一次标准色卡，用于日后颜色校正处理。

6.2　发布应用级图像文件

发布应用级图像文件是普通读者直接看到的页面，应保持基本的整洁。

6.2.1 CADAL 项目发布应用级图像文件的基本要求

——所有发布应用级图像文件应该页面整洁；
——主体文字内容不能出现 90°侧倒或 180°颠倒；
——页面整体倾斜不能超过 3°。

6.2.2 缩略图

缩略图为报纸典藏级图像经过缩小后得到的一个版面概要图像，要求：
——色彩信息与原版面要保持一致；
——需生成纯图像层的 DjVu 格式；
——最终分辨率不超过 75dpi；
——长宽应等比例缩小。

6.2.3 发布应用级图像文件的展现方式

所有发布应用级图像文件以 DjVu 的方式展现：
——每一篇文章做成一个 DjVu 文件；
——对手写体文档，可直接由图像转换成单层 DjVu；
——对其他类型的文档，要求制作成双层 DjVu，其中上层为加工处理后的图像，下层为识别后对应的文本，并且要求双层 DjVu 文件中文字的位置与图像能重合(见图 1)；
——整版广告的版面以缩略图方式做成一个单层 DjVu 文件；
——应按顺序将当期版面缩略图全部列在最后一篇文章后面，每版处理成一个单层 DjVu 文件。

迅速开展一个群众性的积肥造肥运动

干劲大 進度快 數量多 質量好

宜春地区积肥造肥轟轟烈烈

图 1 双层 DjVu 效果

6.3 DC 元数据

DC 元数据存于数字对象目录下的“meta”目录中的“dc. xml”文件中，是以 Dublin Core 为核心，加上 CADAL 项目特有的元数据组成，制作要求详见《美术图像数字化元数据标准规范》。

6.4 目录结构信息文件

6.4.1 目录结构信息的基本要求

目录结构信息要求建立每个目录章节信息与发布应用级图像文件的文件名之间的对应关系，如：

示例 2：

```
<METS: div TYPE="Chapter" LABEL="中央人民政府在怀仁堂举行元旦团拜" ORDERLABEL="
4">
    <METS: fptr FILEID="00000004" />
</METS: div>
```

其中：

LABEL="中央人民政府在怀仁堂举行元旦团拜" 表示目录节点名

ORDERLABEL="4" 表示目录节点编号

METS: fptr FILEID="00000004" 表示发布应用级图像文件的主文件名为"00000004"

目录结构信息存于数字对象目录下的“meta”目录中的“catalog. xml”文件中

6.4.2 目录级别要求

报纸数字对象统一编为两级目录(见图 2)：

——第一级为版面，标为“第 X 版”，X 为版面序号；

——第二级为每版内正式文章标题；

——在最后一篇文章后面加一个名为“缩略图”的一级目录，链接指向第一个缩略图。

6.5 资源封装信息

资源封装信息存于数字对象目录下的“meta”目录中的“a. opf”中，包括 4 部分内容，详见《数字内容编码与内容标记规范》。

资源结构信息需要保留：

——封面 Cover；

——缩略图 Thumbnails。

做结构信息标记时，汉语资源用上述汉字词语来标记，非汉语资源用相应的英文单词来标记：

示例 3：

```
<guide>
    <reference type="Other" title="封面" href="ptiff/00000001.djvu" />
    <reference type="Other" title="缩略图" href="ptiff/00000052.djvu" />
</guide>
```

- 目录导航
  - 第1版...1
    - 毛主席电复延安各界...1
    - 陈毅市长返抵上海...2
    - 广州召开工人座谈会...3
    - 新华通讯社重要启事...4
    - 我国代表团首途赴苏...5
    - 热烈欢迎中国代表团...6
    - 邀请苏代表团座谈...7
    - 新民主主义的国民体育...8
    - 获致阳江地区辉煌胜利...9
    - 鲁金斯基等抵广州...10
    - 乘胜攻占鹈鸪岛...11
    - 敌在阳江地区被歼的四个军介绍...12
    - 电毛主席致贺...13
    - 三艘反正来归...14
    - 毛主席复电致谢...15
    - 四野在祁阳西南歼敌一个团全部...16
    - 我军进占汕头市...17
    - 华东军政大学十八日在南京开学...18
  - 第2版...19
  - 第3版...29
  - 第4版...43
  - 第5版...55
  - 第6版...58
  - 缩略图...59

图 2　报纸数字对象目录结构

示例 4:

```
<guide>
    <reference type="Other" title="Cover" href="ptiff/00000001.djvu" />
    <reference type="Other" title="Thumbnails" href="ptiff/00000052.djvu" />
</guide>
```

7　数字对象文件存储目录结构

存放内容如图 3 所示。

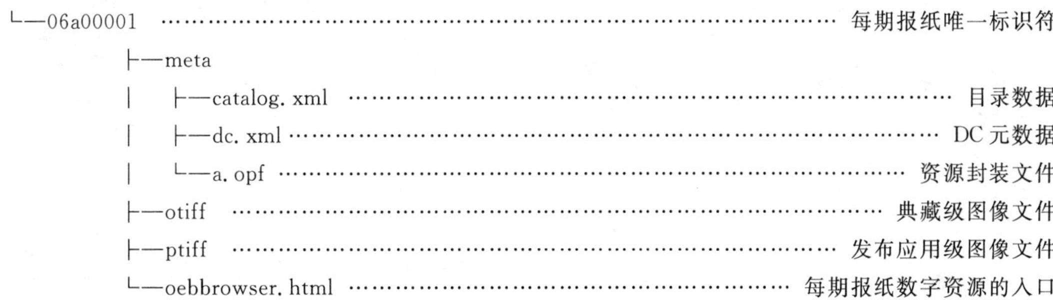

图 3　单个数字对象文件存放目录结构

参 考 文 献

[1] 孙一钢，龙伟，赵四友. 数字资源加工标准研究报告[成果]. 项目年度编号：2002DEA20018. 完成单位：国家图书馆. 成果编号：CDLS-S03-008. 成果公布日期：2006-06.

[2] International Digital Publishing Forum. Open Packaging Format (OPF) 2.0.1 v 1.0.1. 2010-09-04.[2013-10-15]. http://www.idpf.orgepub20specOPF_2.0_latest.htm.

[3] The Library of Congress Standards. Metadata Encoding & Transmission Standard. 2012-03-22. [2013-10-15]. http://www.loc.gov/standards/mets/mets-schemadocs.html.

[4] LIZARD TECH, INC. DjVu Technology Primer. 2004-11.[2013-10-15]. http://djvu.org/docs/DjVu_Tech_Primer.djvu.

[5] LIZARD TECH, INC. Lizardtech DjVu Reference v3. 2005-11.[2013-10-15]. http://djvu.org/docs/DjVu3Spec.djvu.

[6] 牛筱桔，冯春术，金赛英. 美术图像数字化元数据标准规范. 中国美术学院图书馆. http://www.cadal.cn/bzgf/.

ICS 01.140.20
A 14

C A D A L 项 目 标 准

CADAL 10105—2013

文档数字对象制作规范

Specification of Document Digitization

第二稿

2013-10-15

2013-10-15 发布 2013-10-16 实施

CADAL 项目管理中心 发 布

目　　次

前　言

《CADAL 数字对象加工规范》分成 4 个部分，由 13 个标准组成。

——第 1 部分：CADAL 10101—2013 数字对象采集规范。

——第 2 部分：CADAL 10102—2013 数字对象制作基本流程规范，这部分根据加工对象的不同又分成 8 个子规范。

- 第 1 子规范：CADAL 10103.1—2013 图书期刊数字对象制作规范；
  CADAL 10103.2—2013 Book Digitalization Specification。
- 第 2 子规范：CADAL 10104—2013 报纸数字对象制作规范。
- 第 3 子规范：CADAL 10105—2013 文档数字对象制作规范。
- 第 4 子规范：CADAL 10106—2013 图片数字对象制作规范。
- 第 5 子规范：CADAL 10107—2013 古籍数字对象制作规范。
- 第 6 子规范：CADAL 10109—2013 视频数字对象制作规范。
- 第 7 子规范：CADAL 10110—2012 音频数据加工标准与操作规范。
- 第 8 子规范：CADAL 10227—2012 缩微胶片数字化加工标准与操作规范。

——第 3 部分：CADAL 10111—2013 数字内容编码与内容标记规范。

——第 4 部分：CADAL 10112—2013 数字对象加工与应用等级标准。

本标准为第 2 部分的第 3 子规范。

《CADAL 数字对象加工规范》代替 CADAL 项目一期制定的《数字化文本加工规范草案》。

本标准由大学数字图书馆国际合作计划(CADAL)项目管理中心提出并归口。

本标准起草单位：深圳市点通数据有限公司、杭州中元数据科技有限公司、浙江大学图书馆。

本标准主要起草人：郑传双、周小芳、薛霏。

引 言

数字对象加工规范是数字图书馆资源建设的基础，制定数字对象加工规范的目的是让数字图书馆资源建设单位，在数字对象采集、加工、封装、存储等环节中有统一的规格和操作方法，保持数字资源的格式与内容形式的一致性。

《CADAL 数字对象加工规范》是 CADAL(China Academic Digital Associative Library)项目关于数字对象加工的规范集，是 CADAL 项目数字对象加工必须遵从的基础性企业标准。

《文档数字对象制作规范》的基本目的是保证 CADAL 项目文档资源采集质量，主要解决：

(1) 界定文档资源的加工目标；

(2) 规定文档资源的成品数字资源格式、内容、保存方式。

文档数字对象制作规范

1 范围

本部分规定了文档数字对象制作过程中的原则、采集要素、加工标准、存储格式、目录结构、特例处理等。

本部分适用于文档数字对象加工制作过程管理与质量检测。

2 规范性引用文件

下列文件对于本文件的应用是必不可少的。凡是注日期的引用文件，仅所注日期的版本适用于本文件。凡是不注日期的引用文件，其最新版本(包括所有的修改单)适用于本文件。

GB/T 3469　文献类型和文献载体代码
GB/T 3792.1　文献著录 第1部分 总则
ISO10646—1：2000　信息技术——通用多八位编码字符集
CADAL 10101—2013　数字对象采集规范
CADAL 10102—2013　数字对象制作基本流程规范
CADAL 10111—2013　数字内容编码与内容标记规范
CADAL 10112—2013　数字对象加工与应用等级规范
CADAL 10301—2012　数字对象唯一标识符规范
CADAL 10302—2012　数字对象内部标识与命名规范

3 术语和定义

3.1 数字对象 Digital Object

数字对象指一组通过数字化加工得到的、描述一个特定的实物资源的、可存储于计算机并可利用计算机技术进行再现的数据集合。

3.2 文档 Documentation

文档指 CADAL 项目里，文档是文件和档案的总称。

3.3 文件 Record; Document

文件指国家机构、社会组织或个人在履行其法定职责或处理事务中形成的各种形式的信息记录。

3.4 档案 Archives

档案指国家机构、社会组织或个人在社会活动中直接形成的有价值的各种形式的历史记录。

3.5 文档数字对象 Documentation Digital Object

文档数字对象指从实物档案采集加工或电子文档转换加工得到的数字对象。

3.6 原始图像 Original Image

原始图像指通过初始扫描、摄影、转换等手段直接获取的图像文件。

3.7 典藏级文件 Archive File

典藏级文件指数字对象采集过程中所获得的原始图像文件、原始音频文件、原始视频文件经过本规范许可的加工方法处理后得到的高精度、无压缩(或高品质压宿)的文件。

3.8 发布应用级文件 Application File

发布应用级文件指典藏级文件经过本规范许可的加工方法处理后得到的用于网上在线浏览的文件或特定应用的各类派生文件。

3.9 双层 DjVu Text Hidden DjVu

双层 DjVu 指通过 OCR 等技术手段，将原文中每行文字内容放在底层，上层放置原始图像，继而形成的 DjVu 格式的文件。

3.10 单层 DjVu Image Only DjVu

单层 DjVu 指由原始图像直接转换而成的 DjVu 文件。

3.11 DC 元数据 DC Meta

DC 元数据指 Dublin Core 元数据。

3.12 目录结构 Catalog

目录结构指符合 XML 的 METS 规范的目录结构信息，包括目录节点名称、链接指向的页面文件编号。

3.13 资源结构 Guide

资源结构指将资源各部分内容组合成一个整体的内部结构关系，包括各资源片断间的并列、包含、从属、接续、引用关系等。

3.14 资源封装信息 Open Package Format

资源封装信息指数字对象封装成可发布与展示的资源过程中生成的各类信息。

4 原则

4.1 CADAL 项目制作完成的数字对象格式要求

——所有数据应以明码或公开的文件格式保存；
——数字对象能以在浏览器中进行展示；
——数字对象支持跨平台应用。

4.2 数字对象命名要求

所有文件命名应遵守 Q/CADAL 10111—2013《数字内容编码与内容标记规范》。

5 采集要素

CADAL 项目对文档数字化加工后形成的数字图书，要求必须包含以下 5 部分内容：
——典藏级图像文件；
——发布应用级图像文件；
——DC 元数据文件；
——目录结构信息文件；
——资源封装信息文件。

6 加工标准

6.1 典藏级图像文件的制作要求

典藏级图像文件是对通过扫描，或通过转换原生电子数据采集到的图像文件进行符合 Q/CADAL 10112—2013《数字对象加工与应用等级标准》的加工处理后得到的图像文件，存放于数字对象目录的“otiff”子目录下：
——每一页一个文件；
——文档从封面至封底，所有的页面(包括空白页、插页)都需要采集；
——文档页上的贴附的便笺条(包括补充、备注、修订等各类便条)，统一视为插页，需要单独制作成一个文件。

6.1.1 典藏级图像文件不同的基本要求

CADAL 项目针对不同的扫描方式，分别给出了扫描标准(见表 1)。

表 1 典藏级图像文件扫描标准

页面样式		纯文字黑白页面	配图黑白页面	彩色页面
dpi	传统扫描仪	600	600	600
	拍摄式扫描仪	≥300	≥300	≥300
色阶	传统扫描仪	黑白二值	8 位灰度	24 位彩色
	拍摄式扫描仪	24 位彩色	24 位彩色	24 位彩色
压缩方式	传统扫描仪	CCITT-G4	JPEG/JPEG2000	JPEG/JPEG2000
	拍摄式扫描仪	JPEG/JPEG2000	JPEG/JPEG2000	JPEG/JPEG2000

6.1.2 JPEG、JPEG2000 压缩参数设定要求

JPEG 压缩：需要将品质参数选成最高(100% Quality)。

JPEG2000 压缩：品质参数不低于 Kakadu 6.3 中的 Slope Value＝51000(或 Kakadu 6.4 中的 Slope Value＝42800)。

6.1.3 不完整图像处理要求

针对可能出现的原文档缺页情况，CADAL 项目要求有明显标识。制作单位可采取如下两种方案。

方案一：在缺页处插入写有“原稿缺失”的图像文件(见图 1)。

原稿缺失

图 1 缺页替代样例

方案二：提供一个 XML 格式的加工过程记录文件，在其中清楚地描述每个页面的情况。

6.1.4 拍摄式扫描的颜色管理

使用拍摄式扫描仪加工文档时，应符合如下要求：

——应建立摄影棚和漫反射光源系统；

——应在封面之前、封底之后各扫描一次标准色卡，用于日后颜色校正处理。

6.2 发布应用级图像文件

发布应用级图像文件是普通读者直接看到的页面，应保持基本的整洁度。

6.2.1 CADAL 项目发布应用级图像文件的基本要求

——所有发布应用级图像文件应该页面整洁；

——主体文字内容不能出现 90°侧倒或 180°颠倒；

——页面整体倾斜不能超过 3°。

6.2.2 发布应用级图像文件的展现方式

所有发布应用级图像文件以 DjVu 的方式展现：

——对手写体文档，可直接由图像转换成单层 DjVu(见图 2)；

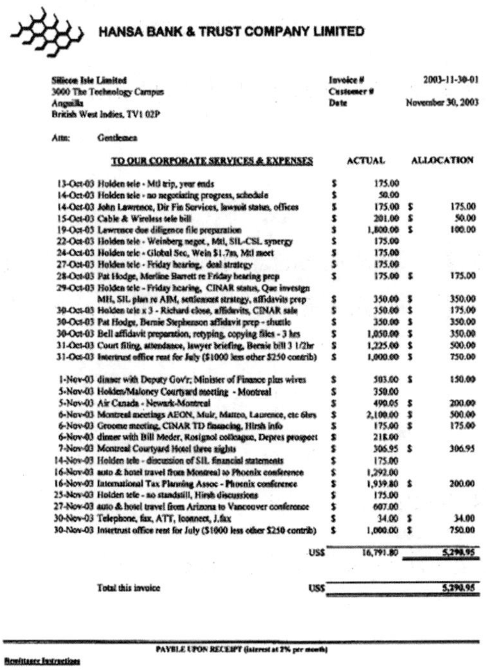

HANSA BANK & TRUST COMPANY LIMITED

Silicon Isle Limited
3000 The Technology Campus
Anguilla
British West Indies, TV1 02P

Invoice # 2003-11-30-01
Customer #
Date November 30, 2003

Attn: Gentlemen

	TO OUR CORPORATE SERVICES & EXPENSES		ACTUAL		ALLOCATION
13-Oct-03	Holden tele - Mtl trip, year ends	$	175.00		
14-Oct-03	Holden tele - no negotiating progress, schedule	$	50.00		
14-Oct-03	John Lawrence, Dir Fin Services, lawsuit status, offices	$	175.00	$	175.00
15-Oct-03	Cable & Wireless tele bill	$	201.00	$	50.00
19-Oct-03	Lawrence due diligence file preparation	$	1,800.00	$	100.00
22-Oct-03	Holden tele - Weinberg negot., Mtl, SIL-CSL synergy	$	175.00		
24-Oct-03	Holden tele - Global Sec, Wein $1.7m, Mtl meet	$	175.00		
27-Oct-03	Holden tele - Friday hearing, deal strategy	$	175.00		
28-Oct-03	Pat Hodge, Merline Barrett re Friday hearing prep	$	175.00	$	175.00
29-Oct-03	Holden tele - Friday hearing, CINAR status, Que investgn MH, SIL plan re AIM, settlement strategy, affidavits prep	$	350.00	$	350.00
30-Oct-03	Holden tele x 3 - Richard close, affidavits, CINAR sale	$	350.00	$	175.00
30-Oct-03	Pat Hodge, Bernie Stephenson affidavit prep - shuttle	$	350.00	$	350.00
30-Oct-03	Bell affidavit preparation, retyping, copying files - 3 hrs	$	1,050.00	$	350.00
31-Oct-03	Court filing, attendance, lawyer briefing, Bernie bill 3 1/2hr	$	1,225.00	$	500.00
31-Oct-03	Intertrust office rent for July ($1000 less other $250 contrib)	$	1,000.00	$	750.00
1-Nov-03	dinner with Deputy Gov'r; Minister of Finance plus wives	$	503.00	$	150.00
5-Nov-03	Holden/Maloney Courtyard meeting - Montreal	$	350.00		
5-Nov-03	Air Canada - Newark-Montreal	$	490.05	$	200.00
6-Nov-03	Montreal meetings AEON, Muir, Matteo, Laurence, etc 6hrs	$	2,100.00	$	500.00
6-Nov-03	Groome meeting, CINAR TD financing, Hirsh info	$	175.00	$	175.00
6-Nov-03	dinner with Bill Meder, Rosignol colleague, Depres prospect	$	218.00		
7-Nov-03	Montreal Courtyard Hotel three nights	$	306.95	$	306.95
14-Nov-03	Holden tele - discussion of SIL financial statements	$	175.00		
16-Nov-03	auto & hotel travel from Montreal to Phoenix conference	$	1,292.00		
16-Nov-03	International Tax Planning Assoc - Phoenix conference	$	1,939.80	$	200.00
25-Nov-03	Holden tele - no standstill, Hirsh discussions	$	175.00		
27-Nov-03	auto & hotel travel from Arizona to Vancouver conference	$	607.00		
30-Nov-03	Telephone, fax, ATT, Iconnect, J.fax	$	34.00	$	34.00
30-Nov-03	Intertrust office rent for July ($1000 less other $250 contrib)	$	1,000.00	$	750.00
		US$	16,791.80		5,290.95
	Total this invoice	US$			5,290.95

PAYBLE UPON RECEIPT (interest at 2% per month)

Remittance Instructions

图 2 单层 DjVu 效果

——对其他类型的文档，要求制作成双层 DjVu，其中上层为加工处理后的图像，下层为识别后对应的文本，并且要求双层 DjVu 文件中文字的位置与图像能重合(见图 3)。

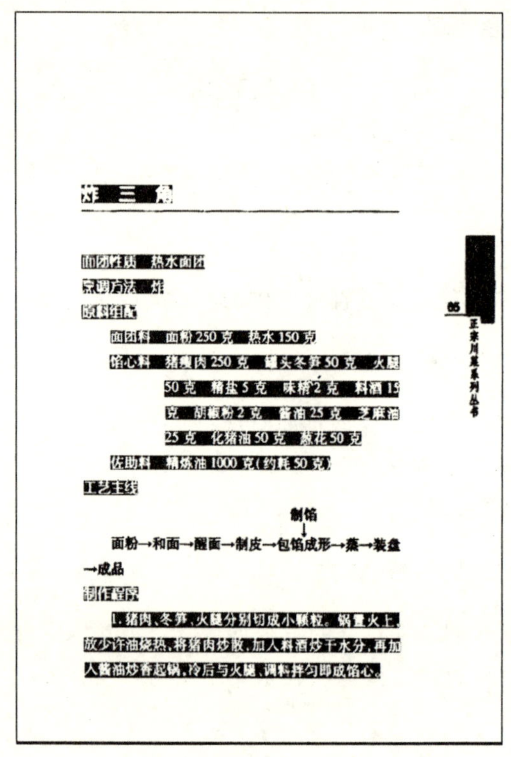

炸 三 角

面团性质 热水面团

烹调方法 炸

原料组配

面团料 面粉 250 克 热水 150 克

馅心料 猪瘦肉 250 克 罐头冬笋 50 克 火腿 50 克 精盐 5 克 味精 2 克 料酒 15 克 胡椒粉 2 克 酱油 25 克 芝麻油 25 克 化猪油 50 克 葱花 50 克

佐助料 精炼油 1000 克(约耗 50 克)

工艺主线

面粉→和面→醒面→制皮→包馅成形(←制馅)→蒸→装盘→成品

制作程序

1. 猪肉、冬笋、火腿分别切成小颗粒。锅置火上，放少许油烧热，将猪肉炒散，加入料酒炒干水分，再加入酱油炒香起锅，冷后与火腿、调料拌匀即成馅心。

85

正宗川菜系列丛书

图 3　双层 DjVu 效果

所有发布应用级图像文件置于数字对象目录下的“ptiff”目录中，按每个图像页面一个文件的形式保存。

6.3　DC 元数据

DC 元数据存于数字对象目录下的“meta”目录中的“dc. xml”文件中，是以 Dublin Core 为核心，加上 CADAL 项目特有的元数据构成，制作要求详见《美术图像数字化元数据标准规范》。

6.4　目录结构信息文件

6.4.1　目录结构信息的基本要求

目录结构信息要求建立每个目录章节信息与发布应用级图像文件的文件名之间的对应关系，如：

示例 1：

```
<METS: div TYPE = " Chapter " LABEL = " HANSA BANK & TRUST COMPANY LIMITED " ORDERLABEL="39">
    <METS: fptr FILEID="00000124"/>
<METS: div>
```

其中：
LABEL＝" HANSA BANK & TRUST COMPANY LIMITED"　　表示章节名
ORDERLABEL＝"39"　　　　　　表示目录节点编号
METS: fptr FILEID＝"00000124"　表示发布应用级图像文件的主文件名为"00000124"
目录结构信息存于数字对象目录下的“meta”目录中的“catalog. xml”文件中。

6.4.2 目录级别要求

对有目录页的文档，按目录页内容制作前三级内容。
对没有目录页的文档，需要由制作人员根据文档内文的章节信息制作 1～2 级目录。

6.4.3 图像目录级别定义

对一份文档只有一份文件的，将文件的一级目录作为文档的一级目录，文件的二级目录作为文档的二级目录，文件的三级目录作为文档的三级目录。

对一份文档有多份文件的，将各文件名列为一级目录，文件的一级目录作为文档的二级目录，文件的二级目录作为文档的三级目录。

6.5 资源封装信息

资源封装信息存于数字对象目录下的“meta”目录中的“a. opf”中，包括 4 部分内容，详见《数字内容编码与内容标记规范》。

资源结构信息需要保留：
——封面 Cover；
——书名页 Title；
——目录 Content；
——摘要 Abstract；
——序言 Foreword；
——前言 Preface；
——附录 Appendix；
——索引 Index；
——参考文献 Reference；
——封底 Back Cover。

做结构信息标记时，汉语资源用上述汉字词语来标记，非汉语资源用相应的英文单词来标记。

示例 2：

```
<guide>
    <reference type="Other" title="封面" href="ptiff/00000001.djvu"/>
    <reference type="Other" title="题名页" href="ptiff/00000003.djvu"/>
    <reference type="Other" title="目录" href="ptiff/00000005.djvu"/>
    <reference type="Other" title="封底" href="ptiff/0000053.djvu"/>
</guide>
```

示例 3:

```
<guide>
    <reference type="Other" title="Cover" href="ptiff/00000001.djvu" />
    <reference type="Other" title="Title" href="ptiff/00000003.djvu" />
    <reference type="Other" title="Content" href="ptiff/0000005.djvu" />
    <reference type="Other" title="Appendex" href="ptiff/00000087.djvu" />
    <reference type="Other" title="Index" href="ptiff/00000089.djvu" />
    <reference type="Other" title="Back Cover" href="ptiff/00000091.djvu" />
</guide>
```

7 数字对象文件存储目录结构

存放内容如图 4 所示。

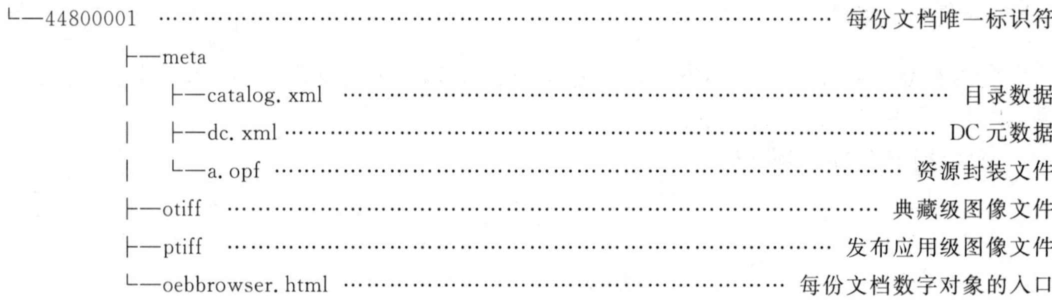

```
└—44800001 ………………………………………… 每份文档唯一标识符
        ├—meta
        |   ├—catalog.xml ……………………………… 目录数据
        |   ├—dc.xml …………………………………… DC 元数据
        |   └—a.opf ……………………………………… 资源封装文件
        ├—otiff ………………………………………… 典藏级图像文件
        ├—ptiff ………………………………………… 发布应用级图像文件
        └—oebbrowser.html …………………………… 每份文档数字对象的入口
```

图 4 单个数字对象文件存放目录结构

参 考 文 献

[1] 孙一钢，龙伟，赵四友. 数字资源加工标准研究报告[成果]. 项目年度编号：2002DEA20018. 完成单位：国家图书馆. 成果编号：CDLS-S03-008. 成果公布日期：2006-06.

[2] International Digital Publishing Forum. Open Packaging Format (OPF) 2.0.1 v 1.0.1. 2010-09-04. [2013-10-15]. http://www.idpf.orgepub20specOPF_2.0_latest.htm.

[3] The Library of Congress Standards. Metadata Encoding & Transmission Standard. 2012-03-22. [2013-10-15]. http://www.loc.gov/standards/mets/mets-schemadocs.html.

[4] LIZARD TECH，INC. DjVu Technology Primer. 2004-11. [2013-10-15]. http://djvu.org/docs/DjVu_Tech_Primer.djvu.

[5] LIZARD TECH，INC. Lizardtech DjVu Reference v3. 2005-11. [2013-10-15]. http://djvu.orgdocsDjVu3Spec.djvu.

[6] 牛筱桔，冯春术，金赛英. 美术图像数字化元数据标准规范. 中国美术学院图书馆. http://www.cadal.cn/bzgf/.

ICS 01.140.20
A 14

C A D A L 项 目 标 准

CADAL 10106—2013

图片数字对象制作规范

Specification of Photo and Painting Digitization

第二稿

2013-10-15

2013-10-15 发布　　　　2013-10-16 实施

CADAL 项目管理中心　　发 布

目　　次

前　　言

《CADAL 数字对象加工规范》分成 4 个部分，由 13 个标准组成。

——第 1 部分：CADAL 10101—2013 数字对象采集规范。

——第 2 部分：CADAL 10102—2013 数字对象制作基本流程规范，这部分根据加工对象的不同又分成 8 个子规范。

- 第 1 子规范：CADAL 10103.1—2013 图书期刊数字对象制作规范；
  CADAL 10103.2—2013 Book Digitalization Specification。
- 第 2 子规范：CADAL 10104—2013 报纸数字对象制作规范。
- 第 3 子规范：CADAL 10105—2013 文档数字对象制作规范。
- 第 4 子规范：CADAL 10106—2013 图片数字对象制作规范。
- 第 5 子规范：CADAL 10107—2013 古籍数字对象制作规范。
- 第 6 子规范：CADAL 10109—2013 视频数字对象制作规范。
- 第 7 子规范：CADAL 10110—2012 音频数据加工标准与操作规范。
- 第 8 子规范：CADAL 10227—2012 缩微胶片数字化加工标准与操作规范。

——第 3 部分：CADAL 10111—2013 数字内容编码与内容标记规范。

——第 4 部分：CADAL 10112—2013 数字对象加工与应用等级标准。

本标准为第 2 部分的第 4 子规范。

《CADAL 数字对象加工规范》代替 CADAL 项目一期制定的《数字化文本加工规范草案》。

本标准由大学数字图书馆国际合作计划(CADAL)项目管理中心提出并归口。

本标准起草单位：深圳市点通数据有限公司、杭州中元数据科技有限公司、浙江大学图书馆。

本标准主要起草人：郑传双、周小芳、薛霏。

引　言

数字对象加工规范是数字图书馆资源建设的基础，制定数字对象加工规范的目的是让数字图书馆资源建设单位，在数字对象采集、加工、封装、存储等环节中有统一的规格和操作方法，保持数字资源的格式与内容形式的一致性。

《CADAL 数字对象加工规范》是 CADAL(China Academic Digital Associative Library)项目关于数字对象加工的规范集，是 CADAL 项目数字对象加工必须遵从的基础性企业标准。

《图片数字对象制作规范》的基本目的是保证 CADAL 项目图片资源采集质量，主要解决：

(1) 界定图片资源的加工目标；

(2) 规定图片资源的成品数字资源格式、内容、保存方式。

图片数字对象制作规范

1 范围

本部分规定了图片数字对象制作过程中的原则、采集要素、加工标准、存储格式、目录结构、特例处理等。

本部分适用于图片数字对象加工制作过程管理与质量检测。

2 规范性引用文件

下列文件对于本文件的应用是必不可少的。凡是注日期的引用文件，仅所注日期的版本适用于本文件。凡是不注日期的引用文件，其最新版本(包括所有的修改单)适用于本文件。

GB/T 3469　文献类型和文献载体代码
GB/T 3792.1　文献著录 第1部分 总则
ISO10646—1：2000　信息技术——通用多八位编码字符集
CADAL 10101—2013　数字对象采集规范
CADAL 10102—2013　数字对象制作基本流程规范
CADAL 10111—2013　数字内容编码与内容标记规范
CADAL 10112—2013　数字对象加工与应用等级规范
CADAL 10301—2012　数字对象唯一标识符规范
CADAL 10302—2012　数字对象内部标识与命名规范

3 术语和定义

3.1 数字对象 Digital Object

数字对象指一组通过数字化加工得到的、描述一个特定的实物资源的、可存储于计算机并可利用计算机技术进行再现的数据集合。

3.2 图片数字对象 Digital Object

图片数字对象指从图片、照片、视频画面等资源中采集、加工得到的数字对象。

3.3 原始图像 Original Image

原始图像指通过初始扫描、摄影、转换等手段直接获取的图像文件。

3.4 典藏级文件 Archive File

典藏级文件指数字对象采集过程中所获得的原始图像文件、原始音频文件、原始视频文件经过本规范许可的加工方法处理后得到的高精度、无压缩(或高品质压宿)的文件。

3.5 发布应用级文件 Application File

发布应用级文件指典藏级文件经过本规范许可的加工方法处理后得到的用于网上在线浏览的文件或特定应用的各类派生文件。

3.6 双层 DjVu Text Hidden DjVu

双层 DjVu 指通过 OCR 等技术手段，将原文中每行文字内容放在底层，上层放置原始图像，继而形成的 DjVu 格式的文件。

3.7 单层 DjVu Image Only DjVu

单层 DjVu 指由原始图像直接转换而成的 DjVu 文件。

3.8 DC 元数据 DC Meta

DC 元数据指 Dublin Core 元数据。

3.9 目录结构 Catalog

目录结构指符合 XML 的 METS 规范的目录结构信息，包括目录节点名称、链接指向的页面文件编号。

3.10 资源结构 Guide

资源结构指将资源各部分内容组合成一个整体的内部结构关系，包括各资源片断间的并列、包含、从属、接续、引用关系等。

3.11 资源封装信息 Open Package Format

资源封装信息指数字对象封装成可发布与展示的资源过程中生成的各类信息。

4 原则

4.1 CADAL 项目制作完成的数字对象格式要求

——所有数据应以明码或公开的文件格式保存；
——数字对象能在浏览器中进行展示；
——数字对象支持跨平台应用。

4.2 数字对象命名要求

所有文件命名应遵守 Q/CADAL 10111—2013《数字内容编码与内容标记规范》。

5 采集要素

CADAL 项目对图片数字化加工后形成的数字图书，要求必须包含以下 5 部分内容：

——典藏级图像文件；

——发布应用级图像文件；

——DC 元数据文件；

——目录结构信息文件；

——资源封装信息文件。

6 加工标准

6.1 典藏级图像文件的制作要求

典藏级图像文件是对通过扫描或原生电子数据(包括视频画面)通过转换采集到的图像文件进行符合 Q/CADAL 10112—2013《数字对象加工与应用等级标准》的加工处理后得到的图像文件，存放于数字对象目录的“otiff”子目录下：

——每个图片一个文件，每个图片集合成一个数字对象；

——图像集的封面至封底，所有的页面都需要采集；

——如果一页中两个或两个以上的图片，需要处理成两个文件；

——所有图片需要以灰度或彩色扫描。

6.1.1 典藏级图像文件不同的基本要求

CADAL 项目针对不同的扫描方式，分别给出了扫描标准(见表 1)。

表 1 典藏级图像文件扫描标准

页面样式		灰度图片	彩色图片
dpi	传统扫描仪	600	600
	拍摄式扫描仪	≥300	≥300
色阶	传统扫描仪	8 位灰度	24 位彩色
	拍摄式扫描仪	24 位彩色	24 位彩色
压缩方式	传统扫描仪	JPEG/JPEG2000	JPEG/JPEG2000
	拍摄式扫描仪	JPEG/JPEG2000	JPEG/JPEG2000

6.1.2 JPEG、JPEG2000 压缩参数设定要求

JPEG 压缩：需要将品质参数选成最高(100% Quality)。

JPEG2000 压缩：品质参数不低于 Kakadu 6.3 中的 Slope Value=51000(或 Kakadu 6.4 中的 Slope Value=42800)。

6.1.3 不完整图像处理要求

针对可能出现的原图片缺页情况，CADAL 项目要求有明显标识。制作单位可采取如下两种方案。

方案一：在缺失处插入写有“原图缺失”的图像文件(见图 1)。

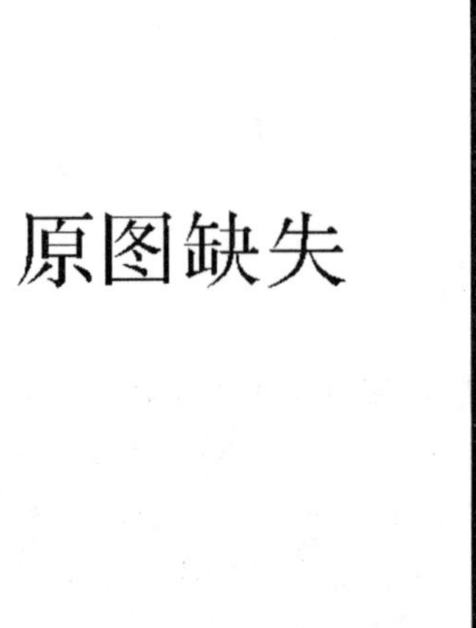

图 1　缺图替代样例

方案二：提供一个 XML 格式的加工过程记录文件，在其中描述清楚每个页面的情况。

6.1.4 拍摄式扫描的颜色管理

使用拍摄式扫描仪加工图片时，应符合如下要求：

——应建立摄影棚和漫反射光源系统；

——应在封面之前、封底之后各扫描一次标准色卡，用于日后颜色校正处理。

6.2 发布应用级图像文件

发布应用级图像文件是普通读者直接看到的页面，应保持基本的整洁。

6.2.1 CADAL 项目发布应用级图像文件的基本要求

——所有发布应用级图像文件应该保持页面整洁；

——主体文字内容不能出现 90°侧倒或 180°颠倒；

——页面整体倾斜不能超过 3°。

6.2.2 发布应用级图像文件的展现方式

所有发布应用级图像文件以单层 DjVu 的方式展现(见图 2)。

所有发布应用级图像文件置于数字对象目录下的“ptiff”目录中，按每个图像页面一个

图 2　单层 DjVu 效果

文件的形式保存。

6.3　DC 元数据

DC 元数据存于数字对象目录下的“meta”目录中的“dc. xml”文件中，是以 Dublin Core 为核心，加上 CADAL 项目特有的元数据构成，制作要求详见《美术图像数字化元数据标准规范》。

6.4　目录结构信息文件

6.4.1　目录结构信息的基本要求

目录结构信息要求建立每个目录章节信息与发布应用级图像文件的文件名之间的对应关系，如：

示例 1：

```
<METS: div TYPE="Chapter" LABEL="红河谷 菜花黄" ORDERLABEL="13">
    <METS: fptr FILEID="00000018"/>
</METS: div>
```

其中：

LABEL="红河谷 菜花黄"　　　　表示章节名
ORDERLABEL="13"　　　　　表示目录节点编号
METS: fptr FILEID="00000018"　　表示发布应用级图像文件的主文件名为"00000018"

目录结构信息存于数字对象目录下的“meta”目录中的“catalog. xml”文件中。

6.4.2　目录级别要求

对有目录页的图片，按目录页内容制作前三级内容。

对没有目录页的图片，需要由制作人员根据图片内文的章节信息制作 1～2 级目录。

6.4.3 图片目录级别定义

对于单张图片的美术作品，将图片标题和图片说明列为一级标题。

对由一套或多套图片组成的电子书，将图片套名列为一级标题，将图片标题和图片说明列为二级标题。

6.5 资源封装信息

资源封装信息存于数字对象目录下的“meta”目录中的“a. opf”中，包括 4 部分内容，详见《数字内容编码与内容标记规范》。

对于单张图片的美术作品，其资源结构信息需要根据美术图像的具体信息进行提取。

对由一套或多套图片组成的电子书，资源结构信息需要保留：

——封面 Cover；

——书名页 Title；

——版权页 Copyright；

——目录 Content；

——参考文献 Reference；

——图片索引 Illustration；

——封底 Back Cover。

做结构信息标记时，汉语资源用上述汉字词语来标记，非汉语资源用相应的英文单词来标记。

示例 2：

```
<guide>
    <reference type="Other" title="封面" href="ptiff/00000001.djvu"/>
    <reference type="Other" title="书名页" href="ptiff/00000003.djvu"/>
    <reference type="Other" title="版权页" href="ptiff/00000004.djvu"/>
    <reference type="Other" title="封底" href="ptiff/00000122.djvu"/>
</guide>
```

示例 3：

```
<guide>
    <reference type="Other" title="Cover" href="ptiff/00000001.djvu" />
    <reference type="Other" title="Title" href="ptiff/00000003.djvu" />
    <reference type="Other" title="Copyright" href="ptiff/00000004.djvu" />
    <reference type="Other" title="Back Cover" href="ptiff/00000102.djvu" />
</guide>
```

7 数字对象文件目录结构

存放内容如图 3 所示。

```
└—74004001 …………………………………………………………………… 数字对象唯一标识符
├—meta
|    ├—catalog. xml …………………………………………………………………… 目录数据
|    ├—dc. xml ……………………………………………………………………………… DC 元数据
|    └—a. opf ……………………………………………………………………… 资源封装文件
├—otiff ……………………………………………………………………………… 典藏级图像文件
├—ptiff …………………………………………………………………………… 发布应用级图像文件
└—oebbrowser. html ………………………………………………………………… 数字对象的入口
```

图 3　单个数字对象文件存放目录结构

参 考 文 献

[1] 孙一钢，龙伟，赵四友. 数字资源加工标准研究报告[成果]. 项目年度编号：2002DEA20018. 完成单位：国家图书馆. 成果编号：CDLS-S03-008. 成果公布日期2006-06.

[2] International Digital Publishing Forum. Open Packaging Format (OPF) 2. 0. 1 v 1. 0. 1. 2010-09-04. [2013-10-15]. http: //www. idpf. orgepub20specOPF_2. 0_latest. htm.

[3] The Library of Congress Standards. Metadata Encoding & Transmission Standard. 2012-03-22. [2013-10-15]. http: //www. loc. gov/standards/mets/mets-schemadocs. html.

[4] LIZARD TECH, INC. DjVu Technology Primer. 2004-11. [2013-10-15]. http: //djvu. orgdocsDjVu_Tech_Primer. djvu.

[5] LIZARD TECH, INC. Lizardtech DjVu Reference v3. 2005-11. [2013-10-15]. http: //djvu. org/docs/DjVu3Spec. djvu.

[6] 牛筱桔，冯春术，金赛英. 美术图像数字化元数据标准规范. 中国美术学院图书馆. http: //www. cadal. cn/bzgf/.

ICS 01.140.20
A 14

C A D A L 项 目 标 准

CADAL 10107—2013

古籍数字对象制作规范

Specification of Ancient Book Digitization

第二稿

2013-10-15

2013-10-15 发布　　　　2013-10-16 实施

CADAL 项目管理中心　　发 布

目　次

前　言

《CADAL 数字对象加工规范》分成 4 个部分，由 13 个标准组成。

——第 1 部分：CADAL 10101—2013 数字对象采集规范。

——第 2 部分：CADAL 10102—2013 数字对象制作基本流程规范，这部分根据加工对象的不同又分成 8 个子规范。

- 第 1 子规范：CADAL 10103.1—2013 图书期刊数字对象制作规范；
  CADAL 10103.2—2013 Book Digitalization Specification。
- 第 2 子规范：CADAL 10104—2013 报纸数字对象制作规范。
- 第 3 子规范：CADAL 10105—2013 文档数字对象制作规范。
- 第 4 子规范：CADAL 10106—2013 图片数字对象制作规范。
- 第 5 子规范：CADAL 10107—2013 古籍数字对象制作规范。
- 第 6 子规范：CADAL 10109—2013 视频数字对象制作规范。
- 第 7 子规范：CADAL 10110—2012 音频数据加工标准与操作规范。
- 第 8 子规范：CADAL 10227—2012 缩微胶片数字化加工标准与操作规范。

——第 3 部分：CADAL 10111—2013 数字内容编码与内容标记规范。

——第 4 部分：CADAL 10112—2013 数字对象加工与应用等级标准。

本标准为第 2 部分的第 5 子规范。

《CADAL 数字对象加工规范》代替 CADAL 项目一期制定的《数字化文本加工规范草案》。

本标准由大学数字图书馆国际合作计划(CADAL)项目管理中心提出并归口。

本标准起草单位：杭州中元数据科技有限公司、深圳市点通数据有限公司、浙江大学图书馆。

本标准主要起草人：周小芳、郑传双、薛霏。

引　言

数字对象加工规范是数字图书馆资源建设的基础，制定数字对象加工规范的目的是让数字图书馆资源建设单位，在数字对象采集、加工、封装、存储等环节中有统一的规格和操作方法，保持数字资源的格式与内容形式的一致性。

《CADAL 数字对象加工规范》是 CADAL(China Academic Digital Associative Library)项目关于数字对象加工的规范集，是 CADAL 项目数字对象加工必须遵从的基础性企业标准。

《古籍数字对象制作规范》的基本目的是保证 CADAL 项目古籍资源采集质量，主要解决：

(1) 界定古籍资源的加工目标；

(2) 规定古籍资源的成品数字资源格式、内容、保存方式。

古籍数字对象制作规范

1 范围

本部分规定了古籍数字对象制作过程中的原则、采集要素、加工标准、存储格式、目录结构、特例处理等。

本部分适用于古籍数字对象加工制作过程管理与质量检测。

2 规范性引用文件

下列文件对于本文件的应用是必不可少的。凡是注日期的引用文件，仅所注日期的版本适用于本文件。凡是不注日期的引用文件，其最新版本(包括所有的修改单)适用于本文件。

GB/T 3469　文献类型和文献载体代码
GB/T 3792.1　文献著录 第1部分 总则
ISO10646—1：2000　信息技术——通用多八位编码字符集
CADAL 10101—2013　数字对象采集规范
CADAL 10102—2013　数字对象制作基本流程规范
CADAL 10111—2013　数字内容编码与内容标记规范
CADAL 10112—2013　数字对象加工与应用等级规范
CADAL 10301—2012　数字对象唯一标识符规范
CADAL 10302—2012　数字对象内部标识与命名规范

3 术语和定义

3.1 数字对象 Digital Object

数字对象指一组通过数字化加工得到的、描述一个特定的实物资源的、可存储于计算机并可利用计算机技术进行再现的数据集合。

3.2 古籍数字对象 Rare Book Digital Object

古籍数字对象指从古籍资源(包括原始出版物、缩微或影印复制品)中采集、加工得到的数字对象。

3.3 原始图像 Original Image

原始图像指通过初始扫描、摄影、转换等手段直接获取的图像文件。

3.4 典藏级文件 Archive File

典藏级文件指数字对象采集过程中所获得的原始图像文件、原始音频文件、原始视频文件经过本规范许可的加工方法处理后得到的高精度、无压缩(或高品质压宿)的文件。

3.5 发布应用级文件 Application File

发布应用级文件指典藏级文件经过本规范许可的加工方法处理后得到的用于网上在线浏览的文件或特定应用的各类派生文件。

3.6 双层 DjVu Text Hidden DjVu

双层 DjVu 指通过 OCR 等技术手段，将原文中每行文字内容放在底层，上层放置原始图像，继而形成的 DjVu 格式的文件。

3.7 单层 DjVu Image Only DjVu

单层 DjVu 指由原始图像直接转换而成的 DjVu 文件。

3.8 DC 元数据 DC Meta

DC 元数据指 Dublin Core 元数据。

3.9 目录结构 Catalog

目录结构指符合 XML 的 METS 规范的目录结构信息，包括目录节点名称、链接指向的页面文件编号。

3.10 资源结构 Guide

资源结构指将资源各部分内容组合成一个整体的内部结构关系，包括各资源片断间的并列、包含、从属、接续、引用关系等。

3.11 资源封装信息 Open Package Format

资源封装信息指数字对象封装成可发布与展示的资源过程中生成的各类信息。

4 原则

4.1 CADAL 项目制作完成的数字对象格式要求

——所有数据应以明码或公开的文件格式保存；
——数字对象能在浏览器中进行展示；
——数字对象支持跨平台应用。

4.2 数字对象命名要求

所有文件命名应遵守 Q/CADAL 10111—2013《数字内容编码与内容标记规范》。

4.3 古籍数字对象加工的特殊要求

——所有文本类信息(正文、DC、目录等)全部采用GB18030字集，并要求按原字型录入相应汉字。

——所有原始图像要求以全彩色方式采集。

5 采集要素

CADAL项目对图书数字化加工后形成的数字图书，要求必须包含以下5部分内容：

——典藏级图像文件；

——发布应用级图像文件；

——DC元数据文件；

——目录结构信息文件；

——资源封装信息文件。

6 加工标准

6.1 典藏级图像文件的制作要求

典藏级图像文件是对通过扫描采集到的图像文件进行符合Q/CADAL 10112—2013《数字对象加工与应用等级标准》的加工处理后得到的图像文件，存放于数字对象目录的"otiff"子目录下：

——每一页一个文件；

——文档从封面至封底，所有的页面(包括空白页、插页)都需要采集。

6.1.1 典藏级图像文件不同的基本要求

CADAL项目针对不同的扫描方式，分别给出了扫描标准(见表1)。

表1 典藏级图像文件扫描标准

页面样式		灰度图片	彩色页面
dpi	传统扫描仪	600	600
	拍摄式扫描仪	≥300	≥300
色阶	传统扫描仪	8位灰度	24位彩色
	拍摄式扫描仪	24位彩色	24位彩色
压缩方式	传统扫描仪	JPEG/JPEG2000	JPEG/JPEG2000
	拍摄式扫描仪	JPEG/JPEG2000	JPEG/JPEG2000

6.1.2 JPEG、JPEG2000 压缩参数设定要求

JPEG 压缩：需要将品质参数选成最高(100% Quality)。

JPEG2000 压缩：品质参数不低于 Kakadu 6.3 中的 Slope Value=51000(或 Kakadu 6.4 中的 Slope Value=42800)。

6.1.3 不完整图像处理要求

针对可能出现的原书缺页情况，CADAL 项目要求有明显标识。制作单位可采取如下两种方案。

方案一：在缺页处插入写有“原书缺页”的图像文件(见图 1)。

图 1 缺页替代样例

方案二：提供一个 XML 格式的加工过程记录文件，在其中描述清楚每个页面的情况。

6.1.4 拍摄式扫描的颜色管理

使用拍摄式扫描仪加工图书时，应符合如下要求：

——应建立摄影棚和漫反射光源系统；

——应在封面之前、封底之后各扫描一次标准色卡，用于日后颜色校正处理。

6.2 发布应用级图像文件

发布应用级图像文件是普通读者直接看到的页面，应保持基本的整洁度。

6.2.1 CADAL 项目发布应用级图像文件的基本要求

——所有发布应用级图像文件应该保持页面整洁；

——主体文字内容不能出现 90°侧倒或 180°颠倒；

——页面整体倾斜不能超过 3°。

6.2.2 发布应用级图像文件的展现方式

所有发布应用级图像文件以单层 DjVu 的方式展现(见图 2)。

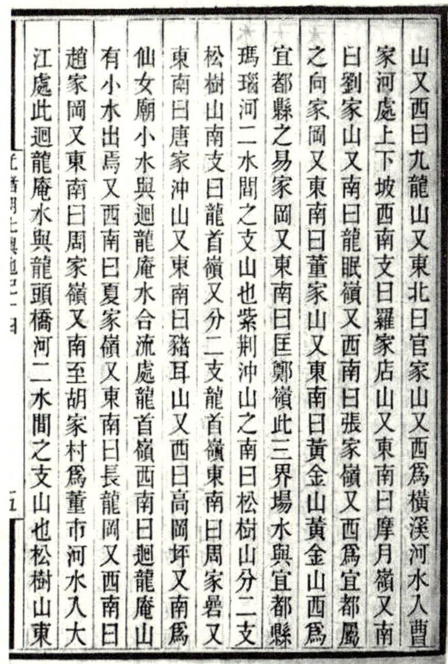

山又西曰九龍山又東北曰官家山又西爲横溪河水入曹
家河處上下坡西南支曰羅家店山又東南曰摩月嶺又南
曰劉家山又南曰龍眠嶺又西南曰張家嶺又西爲宜都屬
之向家岡又東南曰董家山又東南曰黃金山黃金山西爲
宜都縣之易家岡又東南曰匡鄭嶺此三界場水與宜都縣
瑪瑙河二水間之支山也紫荆沖山之南曰松樹山分二支
松樹山南支曰龍首嶺又分二支龍首嶺東南曰周家砦又
東南曰唐家沖山又東南曰豬耳山又西曰高岡坪又南爲
仙女廟小水與廻龍庵水合流處龍首嶺西南曰廻龍庵山
有小水出焉又西南曰夏家嶺又東南曰長龍岡又西南曰
趙家岡又東南曰周家嶺又南至胡家村爲董市河水入大
江處此廻龍庵水與龍頭橋河二水間之支山也松樹山東

图 2 单层 DjVu 效果

所有发布应用级图像文件置于数字对象目录下的“ptiff”目录中，按每个图像页面一个文件的形式保存。

6.3 DC 元数据

DC 元数据存于数字对象目录下的“meta”目录中的“dc. xml”文件中，是以 Dublin Core 为核心，加上 CADAL 项目特有的元数据构成，制作要求详见《美术图像数字化元数据标准规范》。

6.4 目录结构信息文件

6.4.1 目录结构信息的基本要求

目录结构信息要求建立每个目录章节信息与发布应用级图像文件的文件名之间的对应关系，如：

示例 1：

```
<METS: div TYPE="Chapter" LABEL=" 水戰之師" ORDERLABEL="5">
    <METS: fptr FILEID="00000047" />
</METS: div>
```

其中：

LABEL="水戰之師"　　　　表示章节名

ORDERLABEL="5"　　　　表示目录节点编号

METS: fptr FILEID="00000047"　　　　表示发布应用级图像文件的主文件名为"00000047"

目录结构信息存于数字对象目录下的"meta"目录中的"catalog. xml"文件中

6.4.2 目录级别要求

对有目录页的文档，按目录页内容制作前三级内容。

对没有目录页的文档，需要由制作人员根据文档内文的章节信息制作1～2级目录。

6.5 资源封装信息

资源封装信息存于数字对象目录下的"meta"目录中的"a. opf"中，包括4部分内容，详见《数字内容编码与内容标记规范》。

资源结构信息需要保留：

——封面；

——书名页；

——题跋；

——目录；

——插图；

——题字；

——序言；

——后跋；

——跋；

——后序；

——校勘；

——附录；

——封底。

示例2：

```
<guide>
    <reference type="Other" title="封面" href="ptiff/00000001.djvu"/>
    <reference type="Other" title="目录" href="ptiff/00000003.djvu"/>
    <reference type="Other" title="封底" href="ptiff/00000075.djvu"/>
</guide>
```

7 数字对象文件目录结构

存放内容如图 3 所示。

```
HS02000 ………………………………………………………………………………………… 古籍分组组号
  └—73000209 ……………………………………………………………………… 每册古籍唯一标识符
    ├—meta
    |   ├—catalog.xml ……………………………………………………………… 目录数据
    |   ├—dc.xml ……………………………………………………………………… DC 元数据
    |   └—a.opf ……………………………………………………………………… 资源封装文件
    ├—otiff ……………………………………………………………………………… 典藏级图像文件
    ├—ptiff ………………………………………………………………………… 发布应用级图像文件
    └—oebbrowser.html ……………………………………………… 每册古籍数字资源的入口
```

图 3 单个数字对象文件存放目录结构

参 考 文 献

[1] 孙一钢，龙伟，赵四友. 数字资源加工标准研究报告[成果]. 项目年度编号：2002DEA20018. 完成单位：国家图书馆. 成果编号：CDLS-S03-008. 成果公布日期：200606.

[2] International Digital Publishing Forum. Open Packaging Format (OPF) 2. 0. 1 v 1. 0. 1. 2010-09-04. [2013-10-15]. http: //www. idpf. orgepub20specOPF _ 2. 0 _ latest. htm.

[3] The Library of Congress Standards. Metadata Encoding & Transmission Standard. 2012-03-22. [2013-10-15]. http: //www. loc. gov/standards/mets/mets-schemadocs. html.

[4] LIZARD TECH, INC. DjVu Technology Primer. 2004-11. [2013-10-15]. http: //djvu. org/docs/DjVu_Tech_Primer. djvu.

[5] LIZARD TECH, INC. Lizardtech DjVu Reference v3. 2005-11. [2013-10-15]. http: //djvu. orgdocsDjVu3Spec. djvu.

[6] 牛筱桔，冯春术，金赛英. 美术图像数字化元数据标准规范. 中国美术学院图书馆. http: //www. cadal. cn/bzgf/.

ICS 01.140.20
A 14

CADAL 项目标准

CADAL 10109—2013

视频数字对象制作规范

Specification of Video Digitization

第二稿

2013-10-15

2013-10-15 发布　　2013-10-16 实施

CADAL 项目管理中心　发布

目　　次

前　言

《CADAL 数字对象加工规范》分成 4 个部分，由 13 个标准组成。

——第 1 部分：CADAL 10101—2013 数字对象采集规范。

——第 2 部分：CADAL 10102—2013 数字对象制作基本流程规范，这部分根据加工对象的不同又分成 8 个子规范。

- 第 1 子规范：CADAL 10103.1—2013 图书期刊数字对象制作规范；
  CADAL 10103.2—2013 Book Digitalization Specification。
- 第 2 子规范：CADAL 10104—2013 报纸数字对象制作规范。
- 第 3 子规范：CADAL 10105—2013 文档数字对象制作规范。
- 第 4 子规范：CADAL 10106—2013 图片数字对象制作规范。
- 第 5 子规范：CADAL 10107—2013 古籍数字对象制作规范。
- 第 6 子规范：CADAL 10109—2013 视频数字对象制作规范。
- 第 7 子规范：CADAL 10110—2012 音频数据加工标准与操作规范。
- 第 8 子规范：CADAL 10227—2012 缩微胶片数字化加工标准与操作规范。

——第 3 部分：CADAL 10111—2013 数字内容编码与内容标记规范。

——第 4 部分：CADAL 10112—2013 数字对象加工与应用等级标准。

本标准为第 2 部分的第 6 子规范。

《CADAL 数字对象加工规范》代替 CADAL 项目一期制定的《数字化文本加工规范草案》。

本标准由大学数字图书馆国际合作计划(CADAL)项目管理中心提出并归口。

本标准起草单位：国家开放大学图书馆、深圳市点通数据有限公司、浙江大学图书馆。

本标准主要起草人：赵璇、郑传双，薛霏。

引　　言

数字对象加工规范是数字图书馆资源建设的基础，制定数字对象加工规范的目的是让数字图书馆资源建设单位，在数字对象采集、加工、封装、存储等环节中有统一的规格和操作方法，保持数字资源的格式与内容形式的一致性。

《CADAL 数字对象加工规范》是 CADAL(China Academic Digital Associative Library)项目关于数字对象加工的规范集，是 CADAL 项目数字对象加工必须遵从的基础性企业标准。

《视频数字对象制作规范》的基本目的是保证 CADAL 项目视频资源采集质量，主要解决：

(1) 界定视频资源的加工目标；

(2) 规定视频资源的成品数字资源格式、内容、保存方式。

视频数字对象制作规范

1 范围

本部分规定了视频数字对象制作过程中的原则、采集要素、加工标准、存储格式、目录结构、特例处理等。

本部分适用于视频数字对象加工制作过程管理与质量检测。

2 规范性引用文件

下列文件对于本文件的应用是必不可少的。凡是注日期的引用文件，仅所注日期的版本适用于本文件。凡是不注日期的引用文件，其最新版本(包括所有的修改单)适用于本文件。

GB/T 3469　文献类型和文献载体代码
GB/T 3792.1　文献著录 第1部分 总则
ISO10646—1：2000　信息技术——通用多八位编码字符集
CADAL 10101—2013　数字对象采集规范
CADAL 10102—2013　数字对象制作基本流程规范
CADAL 10111—2013　数字内容编码与内容标记规范
CADAL 10112—2013　数字对象加工与应用等级规范
CADAL 10301—2012　数字对象唯一标识符规范
CADAL 10302—2012　数字对象内部标识与命名规范
CADAL 10226—2012　视频资料元数据规范与著录规则

3 术语和定义

3.1 数字对象 Digital Object

数字对象指一组通过数字化加工得到的、描述一个特定的实物资源的、可存储于计算机并可利用计算机技术进行再现的数据集合。

3.2 视频数字对象 Digital Object

视频数字对象指从视频资源中采集、加工得到的描述视频信号的数字对象。

3.3 原始视频 Original Video

原始视频指指通过初始摄像、转换等手段直接获取的视频文件。

3.4 典藏级文件 Archive File

典藏级文件指数字对象采集过程中所获得的原始图像文件、原始音频文件、原始视频文件经过本规范许可的加工方法处理后得到的高精度、无压缩(或高品质压宿)的文件。

典藏级文件以存档为目的，在确保数字视频数据的逻辑和内容完整性的前提下，采集并保存视频数据，使得视频数据随着时间的流逝和技术变化，还能够对存档的数据进行读取。

3.5 发布应用级文件 Application File

发布应用级文件指典藏级文件经过本规范许可的加工方法处理后得到的用于网上在线浏览的文件或特定应用的各类派生文件。

发布应用级出于服务共享的需要，要求数字音频资源的数据完整、内容无误，但数据各方面的技术指标要求不能太高，以免使文件内存过大，在发布共享时影响数据流量和使用效果。

以获取和使用为目的，发布在服务器上，用户能够通过 Internet 快速下载、浏览的数字视频。这种级别的文件通常分辨率较低、体积小。

3.6 DC 元数据 DC Meta

DC 元数据指 Dublin Core 元数据。

3.7 目录结构 Catalog

目录结构指符合 XML 的 METS 规范的目录结构信息，包括目录节点名称、链接指向的页面文件编号。

3.8 资源结构 Guide

资源结构指将资源各部分内容组合成一个整体的内部结构关系，包括各资源片断间的并列、包含、从属、接续、引用关系等。

3.9 资源封装信息 Open Package Format

资源封装信息指数字对象封装成可发布与展示的资源过程中生成的各类信息。

3.10 采样率 Sample Rate

采样率也称为采样速度或者采样频率，指每秒从连续信号中提取并组成离散信号的采样个数，它用赫兹(Hz)来表示。对音频信号来说，就是指录音设备每秒钟对声音信号的采样次数，或者说，是通过波形采样的方法记录 1 秒钟长度的声音需要多少个数据。

3.11 量化级 Quantitative Level

量化级也称“量化数据位数”，是描述声音波形之数据位数的二进制数据，亦即每个采样点所能表示的数据范围，其通用单位是比特(bit)。

3.12 声道数 Sound Channels

声道是指声音在录制或播放时其音频信号所经过的空间通道，声道数即声音录制时的音源数量，或声音回放时的扬声器数量。

3.13 比特率 Bit Rate

比特率是指每秒钟所传输的比特(bit)数。

3.14 分辨率 Resolution

分辨率指视频数字对象画面的长宽点数。

3.15 帧数 Frames

帧数就是在1秒钟时间里传输的图片的个数。

3.16 模拟视频 Analog Video

模拟视频是指以电磁信号记录的视频资料。

3.17 数字视频 Digital Video

数字视频是指以数字信息记录的视频资料。

4 原则

4.1 CADAL 项目制作完成的数字对象格式要求

——所有数据应以明码或公开的文件格式保存；
——数字对象能在浏览器中进行展示；
——数字对象支持跨平台应用。

4.2 采集要素

CADAL 项目对视频数字化加工后形成的视频，要求必须包含以下内容：
——典藏级视频文件；
——发布应用级视频文件；
——附件；
——元数据。

5 数字加工的操作流程

5.1 资料整理

加工前，必须对所有资源的保存情况进行评估，筛选出需要加工的视频资源。对所选资源进行检查、整理和出库登记。

对适合加工的资源进行登记。

对有缺损和其他不适合加工的资源，登记后进行修复或保护等处理。

5.2 信息采集

5.2.1 信息来源

——视频资料在形成当前实物状态之前的存在方式，如母带、脚本、原始采访记录等。

——原生视频数字文件，经现代数码设备直接生成的视频资源数字文件。视频通过剪辑、转换、录制等方式得到。

5.2.2 采集的内容

介质为磁带的：内容包括白带之间的所有内容。采集中因不可抗拒的原因被迫中断且无法修复的，保存已采集视频即可，并将内容信息记录到元数据。

介质为盘片或碟片的：内容包括主视频文件、片花、花絮、字幕。采集中因不可抗拒的原因被迫中断且无法修复的，保存已采集视频即可，并将内容信息记录到元数据。

含多语种多字幕的，保留所有语种和字幕文件，并将其与视频主文件一起封装关联保存。

5.2.3 采集的方式

模拟视频磁带的采集方式：直接采集或通过视频采集卡将模拟磁带内容按采集标准采集到计算机。

数字视频磁带的采集方式：直接采集或通过 IEEE 1394 采集卡将数字磁带内容拷贝到加工计算机，再通过格式转换软件将其转换成选定的采集格式。

VCD、DVD 和 EVD 盘的采集方式：直接通过软件将视频内容及关联文件拷贝到计算机，或通过格式转换软件将其转换成选定的采集格式。

5.3 加工处理

5.3.1 典藏级视频文件参数要求

典藏级视频文件技术参数表见表1。

表1 典藏级视频文件技术参数

<table>
<tr><th colspan="2" rowspan="2">资源类型</th><th rowspan="2">质量描述</th><th colspan="6">主要基本参数</th></tr>
<tr><th>分辨率</th><th>帧数</th><th>视频速率</th><th>音频速率</th><th>音频采样</th><th>建议格式</th></tr>
<tr><td colspan="2" rowspan="4">原生数字视频/模拟信号视频/数据光盘</td><td>高清</td><td>1920×1080</td><td>25/30/60</td><td>固定码率50Mbps，或25Mbps可变码率</td><td>384</td><td rowspan="2">LPCM编码
立体声
48kHz</td><td rowspan="4">MPEG-2编码的AVI格式</td></tr>
<tr><td>标清（DVD质量）</td><td>720×576</td><td>25/15</td><td>固定码率15Mbps或可变码率</td><td>384</td></tr>
<tr><td>清晰（SVCD质量）</td><td>480×576</td><td>25</td><td>2600kbps</td><td>224</td><td rowspan="2">立体声
48kHz</td></tr>
<tr><td>清晰（VCD质量）</td><td>352×288</td><td>25</td><td>1152kbps</td><td>224</td></tr>
<tr><td rowspan="3">数字光盘</td><td>MPEG-2/DVD</td><td>DVD</td><td>720×576</td><td>25/30</td><td>7500kbps以上固定码率</td><td>384</td><td>DOLBYAC3，48kHz，6声道或立体声</td><td>MPEG-2编码</td></tr>
<tr><td>SVCD</td><td>SVCD</td><td>480×576</td><td>25</td><td>2600kbps</td><td>224</td><td>立体声
44.1kHz</td><td>MPEG-2编码</td></tr>
<tr><td>MPEG-1/VCD</td><td>VCD</td><td>720×576</td><td>15/25</td><td>1152kbps</td><td>224</td><td>立体声
44.1kHz</td><td>MPEG-1编码</td></tr>
</table>

5.3.2 发布应用级视频文件

5.3.2.1 影像处理

一般情况下，在典藏级视频文件基础上进行发布级视频文件的制作，主要包括以下步骤。

选择需在网络上发布的视频资源，按照视频发布级别的技术参数进行数据处理。

对压缩转换后的产品，如内容质量上存在以下问题，需进行处理，按下列情形进行。

——影像中的黑屏、镜头严重抖动、因操作失误造成的无关影像等在不影响节目内容判读的原则下进行删除处理，以符合浏览惯例。

——影像中加插的广告等不剪切。

——影像的色彩饱和度、亮度和对比度影响视频效果的，需进行色彩饱和度、亮度、对比度处理，以达到更为清晰的视频效果。

——不对数字成品做音频方面的编辑加工。

——对自建资源添加片头和片尾文字信息。片头包含：活动主题、主讲人、主持人；片尾包含:活动主办/协办单位、收藏单位、拍摄时间。片头片尾字幕底色为蓝色或黑色,字为白色。

——字幕挂接。字幕的出现和消失需与原始视频中字幕的出现和消失在时间线上保持一致。字幕含多语种的,需挂接多语种字幕。

5.3.2.2 格式与技术参数

发布应用级视频文件格式与技术参数表见表 2。

表 2 发布应用级视频文件格式与技术参数

资源级别		基本技术参数					适用环境
		视频速率	音频速率	帧数	音频采样	推荐格式	
发布服务级	1080P	8000kbps	384	30/60	立体声 48kHz	H. 264/AVC(Advance Video Coding)/AVCHD/X264 编码的使用 MP4、MKV 文件格式,或 FLV 格式 WMV1/WMV2/MPEG-4 ;Visual/Xvid/Divx 编码的 AVI、MP4、WMV 文件格式	以太网或 2M 以上宽带网
	720P	5000kbps	384	30	立体声 44.1kHz	WMV1/WMV2/MPEG-4 Visual/Xvid/Divx 编码的 AVI,MP4,WMV 文件格式	1M 宽带上网或从太网
	480P	2500kbps	128	24	立体声 44.1kHz	建议采用 MPEG-4 编码的 WMV、FLV 或 RM	ADSL640kbps 至 1M 带宽环境
	360P	1000kbps	128	18	立体声 22.05kHz	建议采用 MPEG-4 编码的 WMV、FLV 或 RM	ISDL 或拨号上网

5.4 附件制作

与视频资源本身相关的封面、文字介绍等附件,需进行扫描处理。具体技术参数参见《图片数字对象制作规范》(CADAL 10106—2012)。

将获取的数字视频文件及相关数字化附件内容,组合成完整的资源,通过元数据实现关联。

5.5 元数据处理

5.5.1 元数据著录

无论是典藏级还是发布共享级的音频资料,都需对其原始资源对象的元数据进行著录。

描述性元数据著录根据《视频资料元数据规范与著录规则》(CADAL 10226—2012)进行。

5.5.2 元数据关联

在不同元数据之间、元数据与对象数据之间、元数据及其源载体数据之间实现关联,这是数据加工环节的重要步骤，关联方式参照《视频资料元数据规范与著录规则》(CADAL 10226—2012)中“相关资源”(relation)条目的描述。

5.6 命名规则

所有文件命名应遵守 Q/CADAL 10111—2013《数字内容编码与内容标记规范》。

CADAL 项目加工的数字视频文件名由 8 位数字组成：前 2 位是加工单位识别码，由 CADAL 项目管理中心指定；中间 5 位是文献计件流水号，流水号不足 5 位数者在前面各位上以 0 补足。末 1 位是资源结构代码，表示数字资源在信息内容方面的类别归属(见表 3)。

表 3 结构代码

编号	结构说明
1	视频资料的光盘封面、网络资源的截图封面等
2	视频资料的片花等
3	视频资料的片断目录等
4	视频资料的各个片断
5	视频资料的印刷型附件、实物资源的相关说明考证资料等
6	视频资料的拍摄花絮等
7	视频资料的光盘封底等

各段代码之间无须连接符，直接顺次标记。

5.7 保存

数字资源保存分为典藏级和发布服务级，分别满足数字资源长期保存和当前利用的需要。

为保证数据安全，分别对典藏级和发布服务级进行不同介质保存。

保存说明文档随对象数据保存在介质上。

5.8 质量检验

质量检验范围：视频数字对象数据、附属物对象数据、元数据和存储介质质量。其中：

——元数据的检验范围包括：视频对象元数据、附属物件对象元数据；

——视频数字对象的检验项目包括：视频文件夹和文件名命名正确，文件采集完整、无漏帧，所有文件能正常打开、技术指标达到对应级别的参数要求，文件的安全性等；

——附属物数字对象的检验项目包括：保证视频封面、文字资料等附件的质量检查，图像应正确反映原始资源，符合《图片数字对象制作规范》(CADAL 10106—2012)的参数要求；

——存储介质的检验内容包括：提交的存储介质编号清单与存储介质相对应、准确无误，存储介质无坏死文件，文件不携带病毒等，存储介质 100%合格。

对于出现问题的，应在第一时间进行修复，如修复未达到技术参数的要求，应及时重新采集。

参 考 文 献

[1] 孙一钢，龙伟，赵四友. 数字资源加工标准研究报告[成果]. 项目年度编号：2002DEA20018. 完成单位：国家图书馆. 成果编号：CDLS-S03-008. 成果公布日期：2006-06.

[2] 朱本军. 视频数据加工标准与工作规范[成果]. 成果编号：GC-FJ080114-CD003-5. 研制机构：北京大学图书馆. 提交时间：2010-04.

[3] International Digital Publishing Forum. Open Packaging Format (OPF) 2.0.1 v 1.0.1. 2010-09-04. [2013-10-15]. http://www.idpf.orgepub20specOPF_2.0_latest.htm

[4] 编码 YouTube 视频：高级规范. 2013-06-20. [2013-10-15]. https://support.google.com/youtube/answer/1722171? hl=zh-Hans&rd=1.

[5] The Library of Congress Standards. Metadata Encoding & Transmission Standard. 2012-03-22. [2013-10-15]. http://www.loc.gov/standards/mets/mets-schemadocs.html.

[6] 金更达，黄晨，孙晓菲. CADAL 数字化文本元数据规范草案(Version 2.0). 浙江大学图书馆. 2004-07. [2013-10-15]. http://www.cadal.cn/cnc/cnjsgfCADAL_metadata_2004.pdf.

ICS 01.140.20
A 14

C A D A L 项 目 标 准

CADAL 10110—2012

音频数据加工标准与操作规范

Sound Recording Transferring and Reformatting: Processing Criterion and Operating Specification

第一稿

2012-05-01

2012-05-08 发布　　2012-05-09 实施

CADAL 项目管理中心　发 布

目　次

前　　言

《CADAL 数字对象加工规范》分成 4 个部分，由 13 个标准组成。

—— 第 1 部分：CADAL 10101—2013 数字对象采集规范。

—— 第 2 部分：CADAL 10102—2013 数字对象制作基本流程规范，这部分根据加工对象的不同又分成 8 个子规范。

- 第 1 子规范：CADAL 10103.1—2013 图书期刊数字对象制作规范；
  CADAL 10103.2—2013 Book Digitalization Specification。
- 第 2 子规范：CADAL 10104—2013 报纸数字对象制作规范。
- 第 3 子规范：CADAL 10105—2013 文档数字对象制作规范。
- 第 4 子规范：CADAL 10106—2013 图片数字对象制作规范。
- 第 5 子规范：CADAL 10107—2013 古籍数字对象制作规范。
- 第 6 子规范：CADAL 10109—2013 视频数字对象制作规范。
- 第 7 子规范：CADAL 10110—2012 音频数据加工标准与操作规范。
- 第 8 子规范：CADAL 10227—2012 缩微胶片数字化加工标准与操作规范。

—— 第 3 部分：CADAL 10111—2013 数字内容编码与内容标记规范。

—— 第 4 部分：CADAL 10112—2013 数字对象加工与应用等级标准。

本标准为第 2 部分的第 7 子规范。

本标准由大学数字图书馆国际合作计划(CADAL)项目管理中心提出并归口。

本标准起草单位：上海师范大学。

本标准主要起草人：孙红杰。

引　　言

本课题隶属教育部“211”重点工程项目“大学数字图书馆国际合作计划(CADAL)”的二期建设内容。本期建设对一期数字化资源(以图书资源为主)的对象类型做了拓展，进而纳入了音、视频文件等媒体资源，这在提升 CADAL 资源平台的品格、优化其知识结构、拓宽其受众层面等方面具有显而易见的积极意义。

本标准旨在为音频资料的数据加工和操作过程提供一个参考方案，其建设内容包括：界定相关术语的含义，区分音频资料的属性类别与应用级别，交代数据加工的操作流程，制定不同资源类别、不同对象级别的数据加工标准，规定数字化之后音频文件的命名方式等。

本标准力求体现长效性、针对性和兼容性三个原则。“长效性原则”是指，要尽量使数字化的音频具有长期可用、便于再加工和后期维护的优势；“针对性原则”是指要充分考虑不同类型的音频资源各自的特点、用途倾向、用户群以及数字化加工过程中的特殊性要求；“兼容性原则”是指，要尽量使本标准与国内其他大型数字图书馆采用的标准规范乃至国际上通用的技术标准和操作规范能够兼容互通。

本规范涉及以下几个方面的内容：

——界定相关术语的含义；

——交代音频数据加工的操作流程；

——区分音频资源对象的类别及目标对象的应用级别；

——确定不同类别与不同级别的数据加工标准；

——规定数字化之后音频文件的命名方式。

本标准在制定过程中参考了相关课题的既有成果，这些成果包括以下几方面。

科技部基础性工作专项资金项目成果：

——《音频资料资源分析报告》(王绍平，上海交通大学图书馆，2003 年 7 月总项目组推荐稿)；

——《数字资源加工标准与操作指南》(孙一钢等，国家图书馆，2006 年 6 月子项目组报批稿)；

——《通用数字资源(音频数据)格式标准分析报告》(张成昱等，清华大学图书馆，2003 年 8 月总项目组推荐稿)。

科技部科技基础条件平台工作重点项目成果：

——《数字资源加工标准与操作指南》(聂华等，北京大学图书馆，2004 年 5 月)；

——《数字资源加工标准》(孙一钢等，国家图书馆，2006 年 6 月总项目组推荐稿)。

国家图书馆对象数据项目成果：

——《音频数据加工标准与工作规范标准规范》(宋庆生，北京大学图书馆，2010 年 6 月正式提交版)。

文化部《文化行业标准建设》子项目成果：

——《音频数据加工标准与工作规范》(聂华等，北京大学图书馆，2012 年 1 月 14 日征求意见稿)。

本标准复用了既有成果中对音频资料应用级别的分类(备案保存与发布共享)，以及部分关于音频加工或音频资源格式的术语及其含义，并根据 CADAL 项目的建设方针，做了如下一些方面的补充和修订：从内容属性的角度对音频资料重新做了分类，并制定了各种类相应的加工标准；在加工流程中论及了对资源对象的附属物件的处理。

音频数据加工标准与操作规范

1 范围

本标准适用于盒式录音磁带、开盘式录音磁带、数字录音带(DAT)、胶质粗纹唱片(S. P.)、胶质密纹唱片(L. P.)、激光唱盘(CD)、mp3 等模拟性音频原生资源、数字性音频原生资源及数字音频格式资源的信息采集、编码转换与保存发布。

2 规范性引用文件

下列文件对于本文件的应用是必不可少的。凡是注日期的引用文件，仅所注日期的版本适用于本文件。凡是不注日期的引用文件，其最新版本(包括所有的修改单)适用于本文件。

GBT 1.1—2009 标准化工作导则 第 1 部分：标准的结构和编写

GB/T17975.3—2002 信息技术 运动图像及其伴音信号的通用编码 第 3 部分：音频

GY/T 168—2001 广播音频数据文件格式规范. 广播波形格式(BWF)

GY/T 202.2—2007 广播电视音像资料编目规范 第 2 部分：广播资料

ISO/IEC 15938—2：2002(E) 信息技术. 多媒体内容描述界面 第 2 部分：描述定义语言

ISO/IEC 13818—3，Audio：音频，描述与 MPEG-1 音频标准反向兼容的音频编码方法

ISO/IEC 15938(MPEG7)多媒体内容描述接口标准

3 术语和定义

3.1 数字音频 Digital Audio

数字音频是一种利用数字化手段对声音进行录制、存放、编辑、压缩或播放的技术，它根据一定的采样率、比特率、压缩率和量化级等参数，对模拟信号进行采样，最终转化为以二进制数据保存的数字文件。这些数据信号可被再次转换为模拟的电平信号来实现播放。就存储方式而言，数字声音与一般的磁带、广播、电视里的声音有本质区别，后者是其主要的信息来源。数字音频的主要传播媒介是激光唱盘和网络，在网络通信、远程培训、数字图书馆等领域有重要的应用价值。

3.2 采样率 Sample Rate

采样率是指每秒钟采集多少个声音样本，或者说，是通过波形采样的方法记录 1 秒钟长度的声音需要多少个数据，其计量单位是赫兹(Hz)或千赫兹(kHz)。如果一种声音的采

样率为 44kHz，那就表示每描述 1 秒钟的声音波形需要 44000 个数据。声卡的常用频率有 4 种：44.1kHz，32.0kHz，22.05kHz，11.025kHz。原则上讲，采样率越高，采样点之间的间隔就越小，波形的描述就越精确，声音品质也就越好，但与之相应，其所需的存储空间也会越大。

3.3 量化级 Quantitative Level

量化级也称“量化数据位数”，是描述声音波形之数据位数的二进制数据，亦即每个采样点所能表示的数据范围，其通用单位是比特(bit)。标准 CD 音乐的量化级是 16bit，也就意味着 CD 记录声音的数据采用的是 16 位的二进制数。量化级是对模拟音频信号的幅度轴所进行的数字化，其取值大小直接决定着声音的动态范围。一般而言，量化级取值越高，所采信号的动态范围就越大，数字化后的音频信号也就越接近数字化前的原始信号，其音质也越好，但数据量也就越大，所需的存储空间因而也越大。“采样率”和“量化级”是数字化声音的两个最基本的要素，是衡量数字化声音品质高低的重要指标。

3.4 声道数 Sound Channels

声道是指声音在录制或播放时其音频信号所经过的空间通道，声道数即是声音录制时的音源数量，或声音回放时的扬声器数量。早期声卡多用单声道，缺乏立体方位感；后来出现了立体声，声音在录制过程中被分配到两股独立声道，从而较好地达到了声音定位效果，增强了聆听时的临场感受；此后又出现了四声道环绕技术，该技术规定了前左、前右、后左、后右这 4 个方位的发音点，听众被包围在中间，同时又增加了一个低音音箱，以加强对低频信号的回放处理，故也称 4.1 声道；再往后，杜比 AC—3 又在 4.1 声道的基础上增加了一个中置单元，用以传送低于 80Hz 的声音信号，这就是所谓的 5.1 声道；5.1 之后又有更强大的 7.1 系统问世，即在 5.1 的基础上又增加了中左和中右两个发音点，以求达到更加完美的境界，但由于成本比较高，尚未广泛普及。

3.5 信噪比 Signal to Noise Ratio

信噪比又称“讯噪比”，是指特定参数(即“信/讯号”)值与非特异性参数(即“噪声”)的比值，是用有用信号功率(或电压)和噪声功率(或电压)比值的对数来表示的，计量单位多用分贝(dB)。信噪比越高表明杂音越少，声音回放时的质量也就越高，反之类推。信噪比一般不应该低于 70dB，高保真音箱的信噪比应达到 110dB 以上。

3.6 比特率 Bit Rate

比特率是指每秒钟所传输的比特(bit)数，其常用单位是千比特每秒(bit per second，简称 bps)。比特率越高，表明单位时间内传输的数据量越大，它指示了数字音频可以由播放器正常进行播放的速度值，在网络环境中与宽带的流量也有关系，网络的带宽必须足够高才能容纳多种内容的同时传输。音乐文件最常用的比特率是 128kbps，例如，mp3 文件可以使用的一般在(8～320)kbps 之间。比特率越高，文件越大，所占用的存储空间也相应越大。

3.7 杜比降噪 Dolby Noise Reduction

杜比降噪是指由英国物理学家瑞·弥尔顿·杜比(Ray Milton Dolby, 1933—)博士发明的一种降噪系统，其目的在于降低录音或放音时伴随的噪声。1966 年发明了 DOLBY-A 型降噪系统，主要用于专业机，后来发明的 DOLBY-B 和 DOLBY-C 两套系统则主要用于家用设备。DOLBY-B 降噪系统为互补型降噪系统，它通过提高音频信号高频段的信噪比来达到降噪目的，该系统对高于 5kHz 的频率有大约 10dB 的降噪效果；DOLBY-C 降噪系统由 DOLBY-B 型发展而来，它对 1kHz 以上频率的降噪效果约为 20dB。

3.8 无损压缩 Lossless Compression

无损压缩是利用数据的统计冗余进行压缩，在不牺牲任何音频信号的前提下，减少源 WAV 文件体积的压缩格式，经过压缩的数据信号可完全回复原初状态而不引起任何失真，因此也称“无失真压缩”或“可逆性压缩”。常见的无损压缩的音频格式为 APE、FLAC 等。

3.9 有损压缩 Lossy Compression

有损压缩是利用人类对图像或声波中某些频率成分不够敏感的特性进行压缩，在压缩过程中会有原始数据的损失且无法恢复，损失的部分对理解原始图像或声音的影响较小，却能换来较大的压缩比。常见的有损压缩的音频格式为 mp3、WAM、RA 等。

3.10 备案保存 Archive Preservation Level

备案保存是出于存档备案的需要，不仅要确保数字音频资源的数据完整、内容无误，还要力求使该音频各方面的数据达到较高的技术指标，以备长期保存和另做他用。

3.11 发布共享 Publishing Service Level

发布共享是出于服务共享的需要，要求数字音频资源的数据完整、内容无误，但数据各方面的技术指标并不要求太高，以免使文件内存过大，在发布共享时影响数据流量和使用效果。

4 数字加工的操作流程

4.1 资料整理

查看音频资源对象在物理形态和数据信息方面的完整性、正确性与可读性，并对之进行分类，可按信息内容将音频资料分为如下四类。

4.1.1 “音乐类”音频资料

以音乐为核心表现手段的音频资料，包括纯器乐曲、无伴奏的声乐曲，以及兼有声乐和器乐的各类音乐戏剧资源(歌剧、戏曲、音乐剧等)。其中的音频信息在经过识别后可转换成乐谱(可包含文字脚本)。

4.1.2 “音乐—语言类”音频资料

以音乐为主、兼有语言元素的音频资料，例如广播电台的音乐类节目录音，其中除占据主要地位的音乐音响外，还可能有主持人的播讲、嘉宾的点评、与听众的互动交谈等“语言类”因素。其中的音频信息在经过识别后可转换为乐谱和文本，但却以乐谱为主。

4.1.3 “语言—音乐类”音频资料

语言与音乐并重的音频资料，例如说唱艺术、影视剧录音、广播剧、配乐诗朗诵以及各种娱乐节目的录音等。若以书面形式记录这些资源信息，亦需兼用文本和乐谱两种符号体系，且两者都很重要。

4.1.4 “语言类”音频资料

以语言为核心表现手段的音频资料，包括演讲、朗诵、访谈、教学、新闻播报、故事演说(含评书、评话)、有音乐背景的故事演播、话剧及体育类节目的录音等。其中的音频信息在经过识别后可转换成文本，这些资源虽可能包含音乐元素，但音乐在其中的地位并不重要。

4.2 信息采集

信息采集具体又分为数字信号采集和模拟信号采集两种。数字信号采集：对于激光唱片(即 CD)可采用音频工具软件直接抓取音轨信息，存放于计算机硬盘之上。对于数字录音带(DAT)，则可先用相应的播放器播放，然后借助 SPDIF(SONY、PHILIPS 数字音频接口)数码界面输入计算机并存储到硬盘。模拟信号采集：对于胶质唱片[滚筒式，粗纹式(S.P.，78 转)，密纹式(L.P.，33 转)]、磁带等非数字信号，应根据音频资源各自的存储媒介，选择相应的播放设备作为模拟信号的输出端，在适宜的没有明显噪音和其他干扰因素的环境下进行播放。

4.3 格式与参数选择

根据数字音频资源的两种应用级别：备案保存级和发布共享级，分别设定不同的格式和技术标准。

4.3.1 备案保存级

WAV 格式：经由微软公司(Microsoft)和 IBM 公司共同开发的一种声音文件格式[是 Wave(波形)一词的缩写]，符合 RIFF(Resource Interchange File Format)文件规范，用于保存 Windows 平台的音频信息资源，几乎被所有的音频处理软件和应用程序所广泛支持。标准格式化的 WAV 文件和 CD 格式一样，也是 44.1kHz 的采样频率，16bit，因此其声音品质堪比 CD，也正因如此，其体积较大，占用的存储空间较多，不便于传输、发布和共享，但却是备案保存的理想格式之一。

FLAC 格式：其全称为 Ree Lossless Audio Codec，意即无损耗的音频压缩编码，是专门针对 PCM 音频的特点设计的压缩方式。用这种方式生成的声音文件不会破坏原有的任何音频信息，可还原成 WAV 或 CD 的音质。FLAC 压缩文件可被播放器直接播放，而且是完全免费的，可被大多数操作系统所兼容，但其压缩比率不是很高，因而 FLAC 压缩文件的体积仍然较大，但不失为备案保存的有效格式。

APE 格式：也是一种无损的音频压缩方式，当把 APE 压缩文件还原为 WAV 格式后，音质不会有任何损害。与 FLAC 文件相比，APE 的压缩比率较高。也就是说，同样大小的 WAV 文件在分别被转成 APE 格式和 FLAC 格式后，前者(APE)的体积更小，大约只有源文件(WAV 格式)的一半那么大，因而是既保真又轻便的理想化的压缩性音频格式。

BWF 格式：由欧洲广播联盟发展出来的一种广播波形格式，基于 RIFF-WAVE，可将数字音频与无线广播和电视进行无缝交换。作为一种特殊的 WAVE 文件，BWF 格式文件包含有音频内容的元数据信息，它支持时间戳与音轨标签，目前已被欧洲广播联盟(European Broad Casting Union，EBU)、国际声音与音像典藏协会(International Association of Sound and Audiovisual Archives，IASA)、声频工程协会(Audio Engineering Society，AES)、澳大利亚国家档案馆(National Archives of australia，NAA)、美国国会图书馆(Library of Congress，United States，LC)、美国国家文理记录学院(National Academy of Recording Arts and Sciences，USA，NARAS)等知名机构设为音频保存的首要推荐格式。

音频资料备案保存级加工标准见表 1。

表 1 音频资料备案保存级加工标准

资源对象	应用级别	参数指标			推荐格式
		采样率	量化级	声道数	
特高级别音频资料	备案保存	≥48kHz	24bit	多声道、双声道或单声道，由原始资源对象自身的特性决定	1. WAV 2. APE 3. FLAC 4. BWF
音乐类音频资料		44.1kHz	16bit		
音乐一语言类音频资料		推荐≥32kHz，最低 22.05kHz	≥16bit		
语言一音乐类音频资料		22.05kHz	≥16bit		
语言类音频资料		推荐≥22.05kHz，最低 16kHz	16bit		
特低级别音频资料		16kHz	8bit		

4.3.2 发布共享级

用于备案保存的数字音频资源在经过专业音频编辑软件的压缩转换后，可降低其某些技术指标，使其容量减小，便于传输上(下)载，以供发布共享之用。

mp3 格式：其全称为 MPEG Audio Layer-3，是一种诞生于 20 世纪 80 年代的有损性的音频压缩技术。相对于 WAV 文件而言，mp3 文件的压缩率可达 1∶10 甚至 1∶12。其优势在于能够在音质丢失很小的情况下把文件压缩到更小的程度，因此非常便于传输发布，在网络环境下应用极广。

WMA 格式：其全称为 Windows Media Audio，是微软公司推崇的一种音频格式，以减少数据流量的方法来达到更高的压缩比率。相对于 WAV 文件来说，WMA 文件的压缩比率可达 1∶18，比 mp3 还要便捷小巧。在源文件体积相同的情况下，压缩后的 WMA 文件就大小而言几乎是 mp3 文件的一半，可见其便捷性，但就音质而言却不如 mp3 文件好。

AAC 格式：其全称为 Advanced Audio Coding，意为“高端的音频编码”，问世于 20 世纪末，是专为声音数据设计的文件压缩格式。AAC 文件虽也属于有损压缩格式，但相对于 mp3 文件而言，其体积更小，且音质更优，因而很适于网络环境下的发布与共享。

音频资料发布共享级加工标准见表 2。

表 2　音频资料发布共享级加工标准

<table>
<tr><th rowspan="2">资源对象</th><th rowspan="2">应用级别</th><th colspan="3">参数指标</th><th rowspan="2">推荐格式</th></tr>
<tr><th>采样率\比特率</th><th>量化级</th><th>声道数</th></tr>
<tr><td>特高级别
音频资料</td><td rowspan="6">发布
共享</td><td>44.1kHz，≥128kbps</td><td rowspan="4">16bit</td><td rowspan="3">多声道
双声道</td><td rowspan="6">1. mp3
2. WMA
3. AAC</td></tr>
<tr><td>音乐类
音频资料</td><td>(32～44.1)kHz，≥32kbps</td></tr>
<tr><td>音乐—语言类
音频资料</td><td>(22.05～32)kHz，32kbps</td></tr>
<tr><td>语言—音乐类
音频资料</td><td>22.05kHz，(16～32)kbps</td><td rowspan="3">双声道
单声道</td></tr>
<tr><td>语言类
音频资料</td><td>(11.025～16)kHz，(16～32)kbps</td><td rowspan="2">8～16bit</td></tr>
<tr><td>特低级别
音频资料</td><td>11.025kHz</td></tr>
</table>

4.4　音频编辑

当数字音频信号是由模拟音频信号转换过来时，需要对采集的信号进行降噪处理、冗余信息处理、音量调整、均衡化处理等，对包含子项的整轨音频文件进行切割。此外，当数字资源在由“备案保存级”转换成“发布共享级”时，还需要进行压缩处理、转换格式或其他剪辑拼贴等工作。在以上两种编辑过程中，要确保音频资料有用信息的完整性，不留太多空白音频。

4.5　附件处理

附件在此特指音频资源自身附带的封面、封底、碟身信息、曲目注解(program notes)、演员资料等物件，作为音频资料描述性元数据的载体。这些物件如能找到则需要扫描处理，发布共享级像素不低于150ppi，格式不小于JPEG；备案保存级推荐使用300ppi像素，Tiff或BMP格式。数字化之后的音频信息及被处理后的附件信息应通过元数据相互关联，最终组合成完整的便于快捷读取和听取的资源模块。

4.6 元数据处理

4.6.1 加工过程中的信息与数据备案

在对实体性音频资料做数字化加工时，需对有关资源对象及操作方式的技术参数进行备注，这些信息包含但不限于：资源标识符，资料的题名、来源、格式、体积、采样率、比特率、声道数、量化精度、压缩情况，所采取的加工方式(如何采样、转码等)，所采用的加工设备，对资源附属物件的处理方案，加工者的信息，加工时间，以及目标对象的技术参数(格式、体积、载体等)与应用级别等。

4.6.2 加工完成后的元数据著录

无论是备案保存级还是发布共享级的音频资料，都需对其原始资源对象的元数据进行著录。描述性元数据著录推荐采用CADAL子项目成果《音频资料描述元数据标准规范》(附著录规则)，管理性元数据推荐参照《国家图书馆管理元数据规范》的项目成果。

4.6.3 元数据关联

在不同元数据之间、元数据与对象数据之间、元数据及其源载体数据之间实现关联，这是数据加工环节的重要步骤。关联方式参照《大学数字图书馆国际合作计划》子项目成果《音频资料描述元数据标准规范》中“相关资源”(Relation)条目的描述。

4.7 文件命名

CADAL项目加工的数字音频文件名由8位数字组成：前2位是加工单位识别码，由CADAL项目管理中心指定；中间5位是文献计件流水号，流水号不足5位数者在前面各位上以0补足；末1位是资源类别代码，表示数字资源在信息内容方面的类别归属(参见表3)。各段代码之间无须连接符，直接顺次标记。

表3 音频资料类别代码

类别代码	注 解
1	中国音乐(音频)
2	外国音乐(音频)
3	有声读物(音频，特指忠于原作的诵读，如有声小说)
4	评书、评话、相声等(音频)
5	广播剧(音频)
6	其他音频资料(如课程讲座录音、广播节目录音、中英文播客等)

命名实例如图1所示。

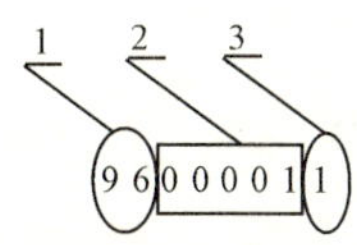

图1　音频资料名称图解

说明：

1——加工单位识别码(该例中为上海师范大学)；

2——音频资料计件流水号(第00001件文献)；

3——音频资料类别代码(中国音乐)。

1+2+3：由上海师范大学加工的第1件音频文献资料，该文献的类别属于中国音乐。

4.8　成果保存

数字资源有两种保存机制：备案级和发布级，具体参数参见《国家数字图书馆数字资源长期保存规范》。在保存音频资源的数据信息时应同时保存其说明性的附件信息。

4.9　质量检测

根据数字化前资源对象的特殊性，以及数字化后的资源级别的不同，对元数据、元数据附件、存储媒介、保存机制等是否符合预设标准进行检测。在数据加工环节，需采用全面彻底的检验方式，内容包括：元数据验收、音频数据验收、附属物件验收、存储介质验收等；在数据验收环节，可采用抽检方式，抽检内容亦为：元数据验收、音频数据验收、附属物件验收、存储介质验收等。

参 考 文 献

[1] 科技部基础性工作专项资金项目“我国数字图书馆标准规范建设”子项目“专门数字对象描述元数据规范”成果“音频资料资源分析报告”. 上海交通大学图书馆承建，王绍平撰写，2003 年 7 月总项目组推荐稿.

[2] 科技部基础性工作专项资金项目“我国数字图书馆标准规范建设”子项目“数字资源加工标准与操作指南”成果《数字资源加工标准》研究报告. 国家图书馆承建，孙一钢，龙伟，赵四友撰写，2006 年 6 月 16 日总项目组报批稿.

[3] 科技部基础性工作专项资金项目“我国数字图书馆标准规范建设”子项目“数字资源加工标准与操作指南”成果《通用数字资源(音频数据)格式标准分析报告》. 清华大学图书馆承建，张成昱，曾婷，周虹，杨京峰(清华大学教育技术研究所)撰写，2003 年 8 月总项目组推荐稿.

[4] 科技部科技基础条件平台工作重点项目成果《数字图书馆标准与规范建设》子项目“数字资源加工标准规范与操作指南”成果《图书馆专门资源对象的数字化加工标准推荐》. 北京大学图书馆承建，聂华，邵珂，周春霞，王亚林撰写，2004 年 5 月稿.

[5] 国家数字图书馆工程项目子项目“国家图书馆对象数据项目”成果《音频数据加工标准与工作规范标准规范》. 北京大学图书馆承建，宋庆生撰写，2010 年 6 月正式提交版.

[6]文化部《文化行业标准建设》子项目成果《音频数据加工标准与工作规范》. 北京大学图书馆承建，聂华，朱本军，宋庆生，龙伟，王文玲，李华伟，王曙光撰写，2012 年 1 月 14 日征求意见稿.

ICS 01.140.20
A 14

CADAL 项目标准

CADAL 10227—2012

缩微胶片数字化加工标准与操作规范

Microfilm Digitalization Process Standard

第一稿

2012-05-01

2012-05-08 发布　　2012-05-09 实施

CADAL 项目管理中心　发布

目　次

前　言

《CADAL 数字对象加工规范》分成 4 个部分，由 13 个标准组成。

—— 第 1 部分：CADAL 10101—2013 数字对象采集规范。

—— 第 2 部分：CADAL 10102—2013 数字对象制作基本流程规范，这部分根据加工对象的不同又分成 8 个子规范。

- 第 1 子规范：CADAL 10103.1—2013 图书期刊数字对象制作规范；
  CADAL 10103.2—2013 Book Digitalization Specification。
- 第 2 子规范：CADAL 10104—2013 报纸数字对象制作规范。
- 第 3 子规范：CADAL 10105—2013 文档数字对象制作规范。
- 第 4 子规范：CADAL 10106—2013 图片数字对象制作规范。
- 第 5 子规范：CADAL 10107—2013 古籍数字对象制作规范。
- 第 6 子规范：CADAL 10109—2013 视频数字对象制作规范。
- 第 7 子规范：CADAL 10110—2012 音频数据加工标准与操作规范。
- 第 8 子规范：CADAL 10227—2012 缩微胶片数字化加工标准与操作规范。

—— 第 3 部分：CADAL 10111—2013 数字内容编码与内容标记规范。

—— 第 4 部分：CADAL 10112—2013 数字对象加工与应用等级标准。

本标准为第 2 部分的第 8 子规范。

本标准由大学数字图书馆国际合作计划(CADAL)项目管理中心提出并归口。

本标准起草单位：华中科技大学。

本标准主要起草人：曾祥瑞、刘征鹏、肖芳、张浩。

引　言

缩微技术是目前信息资料存储最通用、最常见的存储技术之一，在图书、档案、金融、卫生、工矿企业等领域得到广泛的应用。特别是《1997—2010 年全国公共图书馆文献缩微规划》通过后，公共图书馆大量地开展地方志、民国时期文献、古籍、少数民族文献、外文古旧文献等的缩微工作，制作了数百万的缩微胶片。

随着信息技术和网络技术的飞速发展，缩微胶片查找速度慢、阅读困难、易损坏等缺点严重阻碍了缩微胶片的传播与使用，仅仅作为一种文献存储方式存在。因此，缩微胶片数字化是缩微胶片有效利用的必然趋势。

缩微胶片数字化就需要加工规范的标准化，必须用一系列标准来控制和指导数字化的全过程。由于国内至今无缩微胶片数字化加工标准与规范，因此只有完善了这方面的工作，才能使缩微文献数字加工规范化。考虑不同规格、不同材质的缩微胶片实际特点，电子文档国际标准，读者阅读使用习惯，以通用性、经济性、规范性为原则，制定缩微胶片数字化加工标准与规范。

缩微胶片数字化加工标准与规范

1 范围

本标准确立了 CADAL 缩微胶片数字化加工标准与规范。

本部分对与缩微胶片数字化加工标准与规范相关的术语给出了详细的定义，标准规范内容包含了缩微胶片数字化的基本加工流程，主要包括胶片整理、目录建库、胶片扫描、图像处理和识别转换、目录制作与封装、信息存储、检索利用等工序。

2 术语定义

2.1 缩微胶片 Microfilm Record

缩微胶片指人类利用胶卷摄影技术，复制书籍、报纸等出版物上的文字和图片，汇集成的微粒高解像力的胶片，包括卷片和平片，本规范特指平片。

2.2 数字化 Digitization

数字化指利用计算机技术将模拟信号转换为一系列二进制代码的数字信号，引入计算机内部，进行统一处理的过程。

2.3 缩微胶片数字化加工 Digitization of Microfilm Record

缩微胶片数字化加工指采用缩微胶片扫描仪等设备将缩微胶片上的影像转换为存储在光盘、硬盘等载体上并能被计算机识别的数字图像或数字文本的处理过程。

2.4 数字图像 Digital Image

数字图像指数码图像或数位图像，它以二进制形式进行存储和处理。

2.5 黑白二值图像 Binary Image

黑白二值图像指与彩色及灰度相对应的一种图像模式，图像中每个像素的亮度值仅可以取 0 和 1。它在表示图像时只区分黑白二值，把其他色彩根据其特性转换为黑白两种，因此形成只有两种颜色的图像。

2.6 图像压缩 Image Compression

图像压缩指以较少的比特有损或无损地表示原来的像素矩阵的技术，目的是减少图像中的冗余信息，从而用更加高效的格式存储和传输数据。

2.7 灰度值 Grey Level

灰度值指进行灰度扫描时，黑白图像中点的颜色深度，范围一般从 0 到 255，白色为 255，黑色为 0，共 256 级灰度。

2.8 TIFF

标记图像文件格式(Tagged Image File Format，简写为 TIFF)，是一种基于标记的无损(不丢失信息)压缩格式，用于在应用程序之间和计算机平台之间交换文件，它的出现使得图像数据交换变得简单。因为它存储的图像细微层次的信息非常多，图像的质量也得以提高，故而非常有利于原件为黑白胶片的复制储存。

2.9 分辨率 Resolution

分辨率指单位长度内图像包含的点数或像素数。分辨率越高代表图像品质越好，越能表现出更多的细节。单位有 dpi(点每英寸)、LPI(线每英寸)和 PPI(像素每英寸)，本规范采用 dpi。

2.10 失真度 Distortion

失真度指胶片原件在进行数字化处理后，在同等测试环境下，数字图像与胶片原件在色彩、几何、压缩算法等方面的差值。

2.11 可懂度 Intelligibility

可懂度指数字图像向人或机器提供信息的能力。

2.12 对比度 Contrast

对比度指画面黑与白的比值，也就是从黑到白的渐变层次。比值越大，图像越清晰醒目，色彩也越鲜明艳丽。高对比度可以使数字图像在黑白之间具有较少的灰色层次并且显示出较少的细节，低对比度具有更多的灰度层次及细节。

2.13 曝光亮度 Exposure Brightness

曝光亮度指决定数字图像敏感强度的指数。高曝光亮度可以使数字图像的色度加深并显示出较多的细节，突出浅色信息的痕迹，同时黑白之间出现的底灰加大。

2.14 密度 Density

密度指在缩微摄影技术中衡量感光材料曝光和显影后变黑程度的物理量，也可用透射密度(DT)来表示，定义为不透明度的基 10 对数。即：

$DT = \log10\ (1 / \tau) = \log10 (Ii / It)$

式中：τ——透射率，$\tau = (It / Ii)$；

Ii——光能；

It——透射光。

2.15 解像力 Resolution

解像力指衡量胶片影像细部能力的物理量。解像力的高低通常以在每毫米胶片上所能分辨的最大线条对数来表示。

3 标准规范内容

3.1 基本内容

缩微胶片数字化的基本加工流程主要包括胶片整理、目录建库、胶片扫描、图像处理和识别转换、目录制作与封装、信息存储、检索利用等工序。

3.2 胶片整理

3.2.1 分类

根据胶片所属报告的类别以及编号对胶片进行分类，拟数字化的情况，挑出图像模糊、曝光过度、破损的胶片，并做出标识估算数字化后所需要的存储空间。

3.2.2 分本

对批量扫描前的胶片进行胶片数量、胶片号的标注。如在标注中与原胶片中的胶片数量、胶片号不一致，以此为准。

3.2.3 拆分

去除胶片中原来的封装物，保证扫描的顺序，确保数字化后正确归卷不损坏胶片。

3.2.4 建立作业单

制作并填写数字化加工作业单，全程监控扫描(转换)过程，对数字化加工过程记录整理。

3.2.5 封装

图像质检完成后，拆除过封装物的胶片按胶片原貌及保管的要求重新封装，做到安全、准确、无遗漏。

3.3 目录建库

3.3.1 目录著录

根据DC元数据确定胶片著录项，利用CADAL OEB EDITOR工具进行元数据著录，包括确定胶片目录的著录项、字段长度和内容要求。如有错误或不规范的题名、责任者、时间、张号(数)等，要进行修改和补充，使其规范化。

3.3.2 数据格式选择

所选定的数据格式能直接或间接与 DBF 文件格式或通过 XML 文档进行数据交换。

3.3.3 目录输入

将著录好的目录输入计算机，建立机读目录数据库。

3.4 胶片扫描

3.4.1 扫描方式

根据胶片幅面的大小在扫描时选用不同的焦距。对于较清晰的图像，可以采用 FS300 高速扫描仪进行扫描，以提高工作效率；对于清晰度较差的图像，用 MS7000 手动扫描仪比较容易调整黑白度以及对比度；对于特别模糊的图像，用 MS7000 手动扫描仪扫描时将黑度调整到 100，对比度调整到 1；对于一些特殊的胶片扫描成负片。

3.4.2 扫描色彩模式和分辨率

扫描色彩模式一般有黑白二值、灰度、彩色等。在实际操作中，选择黑白二值模式，分辨率选择 600dpi。

3.4.3 文件命名方式

扫描时文件夹的建立按胶片编号进行。文件夹命名方法，以科技报告的命名为例，一般为 10 位数，如 PB84127431，文件夹下图像文件命名以编号 00000001 开始顺序递增。

3.4.4 数据上传

将扫描的图像上传到 FTP 服务器，进行下一步的图像处理。

3.5 图像处理和识别转换

3.5.1 图像处理

3.5.1.1 纠偏

对扫描过程中出现的偏斜图像进行整体纠正，保证数字图像的偏斜角度小于 1°。

3.5.1.2 去污

去除数字图像中影响可懂度的杂质。胶片数字化图像的去污，遵循在不影响可懂度的前提下展现原貌的原则。具体工作分为局部去污，如去除黑边、污点；整体去污，可一次性去除页面上的污渍。

3.5.1.3 校对

一次校对，检查扫描完的图像质量情况，确保图像完整无误，并视需要对有问题的扫描图像进行取版心、去黑边、纠偏操作；对不合格的图像进行标记，退回重新扫描。

纠错处理，根据一次校对中提出的削口污渍、黑边、偏斜、图像质量等问题，对每份图像进行相应的处理。

二次校对，对一次校对及数据处理后的数字图像再次进行检查，并标记图像处理过程中不清晰的页面，不合格的退回重新处理。

3.5.2 图像质量检查

对扫描后形成的图像文件进行清晰度、污渍、黑边、偏斜等问题的控制，以达到要求的图像质量。保证扫描后的数字图像清晰，便于清楚阅读。

3.5.3 数据挂接

胶片数据与图像文件的对应准确程度的控制。在生成裸数据光盘之前，根据资料整理信息、扫描前的标引信息及胶片文件信息核查图像文件总数是否与实际文件数相等，如不相等则不能生成裸数据光盘，可打印出清单，退回给图像处理人员补扫。

3.5.4 数据检验

将裸数据进行验收前的相应处理，包括文件的格式转换、逻辑分盘处理、添加说明性文件。对数据进行检验，给出合格或不合格结论。将数字加工后的数据转换为裸数据光盘格式，拷贝到活动硬盘上。系统要能自动记录检验进度。

3.5.5 数据验收

3.5.5.1 数据抽检

以抽检方式检查目录数据、图像数据的质量。一个全宗的档案，数据抽检的比率不得低于 5%。

3.5.5.2 验收指标

目录数据、图像数据有不完整、不清晰等质量问题时，抽检标记为“不合格”。一个全宗的档案，数据质量抽检的合格率达到 95%以上(含 95%)时，验收予以“通过”。

合格率计算方法：

(1) 统计抽检标记为“不合格”的文件数；

(2) 抽检合格的文件数＝抽检文件总数－抽检不合格的文件数；

(3) 合格率＝抽检合格的文件数/抽检文件总数×100%。

验收登记:填写数据验收登记表单，记录验收结果。

验收审核:验收结论必须经有关领导审核、签字后方有效。

3.5.6 数据上载

胶片数字化各工序的数据通过网络上载到数据服务器端汇总，其中数字图像自动搜索对应的目录数据，加入对应的电子地址数字图像文件名，建立起一一对应的关系。

3.5.7 数据备份

定期对服务器的各类数据进行备份，防止数据丢失。

3.6 目录制作与封装

对处理完的图像封装成册，生成文件、制作胶片目录、添加页面链接。

3.7 信息存储

以 JPEG 数字压缩编码或 TIFF 国际通用标准格式压缩后，按胶片编号存储。
数字图像的存储管理保持原胶片的保管模式对应存储。

3.7.1 压缩存储格式

胶片数字图像格式采用 TIFF 和 JPEG 数字压缩编码。

3.7.1.1 黑白二值图像

黑白二值扫描图像文件采用 TIFF(CCITTG3)格式二值图像压缩算法，压缩率(Cr)为15∶1。也可以采用 TIFF(CCITTG4)格式二值图像压缩算法，压缩率(Cr)为 30∶1。

3.7.1.2 连续色调静态图像

连续色调静态图像采用 JPEG 数字压缩编码，平均压缩率(Cr)为 15∶1。

3.7.2 编码方式

采用国际通用编解码算法。

3.7.3 存储方式与载体

可选用在线和离线、不同载体进行存储。

3.8 检索利用

3.8.1 检索利用方式

胶片数字图像检索利用可采用单机、局域网和互联网三种方式。

3.8.2 检索软件配置

检索软件需符合 CADAL 制定的各项要求，具备目录检索与胶片数字图像方便调阅的基本功能。

3.9 加工设备与技术规范

3.9.1 设备类型

采用缩微胶片扫描仪(MS7000)和高速缩微胶片扫描仪(FS300)。

3.9.2 转换方式

缩微胶片的构成方式采用“高对比”，压缩方式采用“G4－2D”，保存方式采用“黑白”方式。

3.9.3 分辨率

分辨率采用600dpi。

3.9.4 文件存储类型

转换的图像存为TIF格式。

3.9.5 文件存储方式

胶片按报告号编号，分级建文件夹存储。其中的每一张胶片单独建文件夹，按照资料编号建文件夹存储。

3.9.6 转换采用母片来进行

为了保证扫描图像的质量,缩微胶片数字化转换应采用图片,不建议使用复制片。

3.10 补充说明

(1) 不同的缩微胶片扫描仪可能参数设置会有不同。

(2) 转换后的图像按照胶片的不同而分别存储。

(3) 按照以上办法转换后的图像容量大小跟图像的清晰程度有很大关系，高质量的胶片转换后不仅图像的清晰度更高，而且形成的文件容量也更小。因此在转换时，采用高清晰度的母片。

参 考 文 献

[1] GB/T 18894—2002《电子文件归档与管理规范》.
[2] DA/T 31—2005《纸质档案数字化技术规范》.
[3] DA/T 43—2009《缩微胶片档案数字化技术规范》.
[4] 辽阳市档案数字化技术标准,2009 年 6 月 9 日.

ICS 01.140.20
A 14

C A D A L 项 目 标 准

CADAL 10111—2013

数字内容编码与内容标记规范

Specification of Coding and Tagging

第二稿

2013-10-15

2013-10-15 发布 2013-10-16 实施

CADAL 项目管理中心 发 布

目　　次

前　　言

《CADAL 数字对象加工规范》分成 4 个部分，由 13 个标准组成。

——第 1 部分：CADAL 10101—2013 数字对象采集规范。

——第 2 部分：CADAL 10102—2013 数字对象制作基本流程规范，这部分根据加工对象的不同又分成 8 个子规范。

- 第 1 子规范：CADAL 10103.1—2013 图书期刊数字对象制作规范；
  CADAL 10103.2—2013 Book Digitalization Specification。
- 第 2 子规范：CADAL 10104—2013 报纸数字对象制作规范。
- 第 3 子规范：CADAL 10105—2013 文档数字对象制作规范。
- 第 4 子规范：CADAL 10106—2013 图片数字对象制作规范。
- 第 5 子规范：CADAL 10107—2013 古籍数字对象制作规范。
- 第 6 子规范：CADAL 10109—2013 视频数字对象制作规范。
- 第 7 子规范：CADAL 10110—2012 音频数据加工标准与操作规范。
- 第 8 子规范：CADAL 10227—2012 缩微胶片数字化加工标准与操作规范。

——第 3 部分：CADAL 10111—2013 数字内容编码与内容标记规范。

——第 4 部分：CADAL 10112—2013 数字对象加工与应用等级标准。

本标准为第 3 部分。

《CADAL 数字对象加工规范》代替 CADAL 项目一期制定的《数字化文本加工规范草案》。

本标准由大学数字图书馆国际合作计划(CADAL)项目管理中心归口。

本标准起草单位：杭州中元数据科技有限公司、深圳市点通数据有限公司、浙江大学图书馆。

本标准主要起草人：周小芳、郑传双、薛霏。

引　　言

数字对象加工规范是数字图书馆资源建设的基础，制定数字对象加工规范的目的是让数字图书馆资源建设单位，在数字对象采集、加工、封装、存储等环节中有统一的规格和操作方法，保持数字资源的格式与内容形式的一致性。

《CADAL 数字对象加工规范》是 CADAL(China Academic Digital Association Library)项目关于数字对象加工的规范集，是 CADAL 项目数字对象加工必须遵从的基础性企业标准。

数字内容编码与内容标记规范的基本目的是保证 CADAL 项目资源编码和标记的统一性，主要解决：

（1）明确 CADAL 数字内容编码与标记原则；

（2）明确 CADAL 数字内容编码与标记要求。

数字内容编码与内容标记规范

1 范围

本部分规定了 CADAL 项目认可的数字对象编码与标记方法。

本部分适用于 CADAL 项目数字对象加工过程。

2 规范性引用文件

下列文件对于本文件的应用是必不可少的。凡是注日期的引用文件，仅所注日期的版本适用于本文件。凡是不注日期的引用文件，其最新版本(包括所有的修改单)适用于本文件。

GB/T 3469　文献类型和文献载体代码
GB/T 3792.1　文献著录 第 1 部分 总则
ISO10646—1：2000　信息技术——通用多八位编码字符集
CADAL 10101—2013　数字对象采集规范
CADAL 10102—2013　数字对象制作基本流程规范
CADAL 10112—2013　数字对象加工与应用等级规范
CADAL 10301—2012　数字对象唯一标识符规范
CADAL 10302—2012　数字对象内部标识与命名规范

3 术语与定义

下列术语和定义适用于本部分。

3.1 数字对象 Digital Object

数字对象指一组通过数字化加工得到的、描述一个特定的实物资源的、可存储于计算机并可利用计算机技术进行再现的数据集合。

3.2 原始图像 Original Image

原始图像指通过初始扫描、摄影、转换等手段直接获取的图像文件。

3.3 原始音频 Original Audio

原始音频指通过初始录制、转换等手段直接获取的音频文件。

3.4 原始视频 Original Video

原始视频指通过初始摄像、转换等手段直接获取的视频文件。

3.5 典藏级文件 Archive File

典藏级文件指数字对象采集过程所获得原始图像文件、原始音频文件、原始视频文件经过本规范许可的加工方法处理后得到的高精度、无压缩(或高品质压宿)的文件。

3.6 发布应用级文件 Application File

发布应用级文件指典藏级文件经过本规范许可的加工方法处理后得到的用于网上在线浏览的文件或特定应用的各类派生文件。

3.7 双层 DjVu Text Hidden DjVu

双层 DjVu 指通过 OCR 等技术手段，将原文中每行文字内容放在底层，上层放置原始图像，继而形成的 DjVu 格式的文件。

3.8 单层 DjVu Image Only DjVu

单层 DjVu 指由原始图像直接转换而成的 DjVu 文件。

3.9 DC 元数据 DC Meta

DC 元数据指 Dublin Core 元数据。

3.10 目录结构 Catalog

目录结构指符合 XML 的 METS 规范的目录结构信息，包括目录节点名称、链接指向的页面文件编号。

3.11 资源结构 Guide

资源结构指将资源各部分内容组合成一个整体的内部结构关系，包括各资源片断间的并列、包含、从属、接续、引用关系等。

3.12 资源封装信息 Open Package Format

资源封装信息指数字对象封装成可发布与展示的资源过程中生成的各类信息。

3.13 编码 Encoding

编码指用预先规定的方法将文字、数字或其他对象编成计算机代码串。

3.14 标记 Markup

标记指使用称为标记(tag，有时为 token)的代码来定义任何数据的结构、外观以及含义的过程。

4 总则

4.1 数字内容编码与标记基本原则

4.1.1 CADAL 数字内容编码基本原则

（1）应采用通用文件格式编码；
（2）编码标准应在文件中明确指出。

4.1.2 CADAL 数字内容标记基本原则

（1）应采用通用标记语言；
（2）采用标记语言应在文件中明确指出。

4.1.3 CADAL 数字对象文件保存原则

（1）应采用支持跨平台使用的命名结构；
（2）应支持大小写区分的文件系统。

4.2 数字编码和标记要求

4.2.1 CADAL 数字内容编码基本要求

（1）典藏级文件、发布应用级文件采用各自相配匹的文件格式编码；
（2）DC 元数据、目录结构信息、资源结构信息采用 UTF-8 文本格式编码，对特殊语种可按需要采用 Code Page 编码格式，但需要在文件中明确指出编码标准。

示例 1：

```
<? xml version="1.0" encoding="utf-8" ? >
```

4.2.2 CADAL 数字内容标记基本要求

（1）典藏级文件、发布应用级文件采用各自相配匹的标记格式；
（2）DC 元数据、目录结构信息、资源结构信息采用 XML 语言进行标记。

4.2.3 CADAL 数字对象文件命名基本要求

（1）应采用 8＋X 命名格式：8 位主文件名＋X 位（$X\geqslant 3$）扩展名；
（2）所有文件名所含字符只能是小写英文字母或数字。

示例 2：

```
00000001.djvu
```

5 数字内容编码与标记

5.1 编码

5.1.1 典藏级文件编码

典藏级文件按数字对象类别分成 3 种：

(1) 图像文件，由图书、报纸、文档、图片、古籍等资源采集加工而来，应按 Q/CADAL 10112—2013 数字对象加工与应用等级规范中规定的图像文件格式进行压缩与编码；

(2) 音频文件，由采集到的音频文件加工而来，应按 Q/CADAL 10112—2013 数字对象加工与应用等级规范中规定的音频文件格式进行压缩与编码；

(3) 视频文件，由采集到的视频文件加工而来，应按 Q/CADAL 10112—2013 数字对象加工与应用等级规范中规定的视频文件格式进行压缩与编码。

5.1.2 发布应用级文件编码

发布应用级文件按数字对象类别分成 3 种：

(1) 图像文件，由典藏级图像文件加工而来，应按 Q/CADAL 10112—2013 数字对象加工与应用等级规范中规定的 DjVu 格式进行压缩与编码，对可以 OCR 的图像，应按双层 DjVu 编码，不可以 OCR 的图像按单层 DjVu 编码；

(2) 音频文件，由典藏级音频文件加工而来，应按 Q/CADAL 10112—2013 数字对象加工与应用等级规范中规定的音频文件格式进行压缩与编码；

(3) 视频文件，由典藏级视频文件加工而来，应按 Q/CADAL 10112—201 数字对象加工与应用等级规范中规定的视频文件格式进行压缩与编码。

5.1.3 DC 元数据编码

(1) DC 元数据存放于数字对象目录下的“meta”子目录中的“dc. xml”文件中；

(2) DC. XML 是标准的 XML 文件，采用 UTF-8 编码。

5.1.4 目录结构信息编码

(1) 目录结构信息存放于数字对象目录下的“meta”子目录中的“catalog. xml”文件中；

(2) CATALOG. XML 是按 METS 规范组织的 XML 文件，采用 UTF-8 编码。

5.1.5 资源结构信息编码

(1) 资源结构信息存放于数字对象目录下的“meta”子目录中的“a. opf”文件的 Guide 标记下；

(2) A. OPF 是按 Open Packaging Format (OPF) 2. 0 规范组织的 XML 文件，采用 UTF-8 编码。

5.1.6 资源封装信息编码

(1) 资源封装信息存放于数字对象目录下的“meta”子目录中，以“a. opf”文件中，包括置于 Publication Meta 标记下的 DC 元数据、置于 Manifest 标记下的发布应用级文件导航列表等；

(2) A. OPF 是按 Open Packaging Format (OPF) 2.0 规范组织的 XML 文件，采用 UTF-8 编码。

5.2 标记

5.2.1 DC 元数据标记

DC 元数据一共 15 项，分别为 title，creator，subject，contributor，description，date，format，identifier，type，source，language，publisher，coverage，relation，rights 等 DC 元数据项，采用下列标记方式：

```
<dc: 标记名称>标记内容</dc: 标记名称>
```

示例 3：

```
<dc: title>基本法第四章部分条文草稿(一九八七年八月)的意見</dc: title>
```

对 indentify 元数据项，采用下列标记方式：

```
<dc: identifier xsi: type="标记类型">标记内容</dc: identifier>
```

示例 4：

```
<dc: identifier xsi: type="book id">44000000</dc: identifier>
<dc: identifier xsi: type="ISBN">1234567890x</dc: identifier>
```

各元数据项标记全部嵌入下列 XML 标记<dublincore>中：

```
    <? xml version="1.0" encoding="utf-8" ? >
    <dublincore xmlns: dc="http: //purl.org/dc/elements/1.0/"
xmlns: xsi="http: //www.w3.org/2001/XMLSchema-instance"
xmlns: dcterms="http: //purl.org/dc/terms/">
    ……各 DC 元素项定义……
    </dublincore>
```

示例 5:

```
<? xml version="1.0" encoding="utf-8"? >
<dublincore                                    xmlns: dc="http: //purl.org/dc/elements/1.0/"
xmlns: xsi="http: //www.w3.org/2001/XMLSchema-instance"
xmlns: dcterms="http: //purl.org/dc/terms/">
  <dc: title>基本法第四章部份條文草稿(一九八七年八月)的意見</dc: title>
  <dc: creator>NA</dc: creator>
  <dc: subject>基本法第四間部份條文草稿</dc: subject>
  <dc: date>1987 年 11 月 4 日</dc: date>
  <dc: indentify xsi: type="bookid">44000000</dc: indentify >
  <dc: format>Image/Djvu(.djvu)</dc: format>
  <dc: language>chi</dc: language>
  <dc: coverage>一九八七年八月</dc: coverage>
</dublincore>
```

5.2.2 目录结构信息文件标记

制作完成的目录链接将以 XML 文件格式、以 catalog.xml 为文件名，存放在数字资源的 meta 目录下，其内部结构为一个简化的 METS 对象，主要包括一个 Schema 定义，外加一个 structMap 构成。

示例 6:

```
    <? xml version="1.0" encoding="utf-8" ? >
    <METS: mets xmlns: METS="http: //www.loc.gov/METS/"
xmlns: xsi="http: //www.w3.org/2001/XMLSchema-instance"
xmlns: gdm="http: //sunsite.berkeley.edu/GDM/" xmlns: xlink="http: //www.w3.org/TR/xlink"
xsi: schemalocation = " http: //www. loc. gov/METS/http: //www. loc. gov/standards/mets/mets.
xsd" LABEL="Zhejiang University.jdl.China-America digital library project" TYPE="Section">
      <METS: structMap TYPE="Catalog">
        <METS: div TYPE="Chapter" LABEL="第一篇 養蜂大意" ORDERLABEL="1">
          <METS: fptr FILEID="00000051" />
        </METS: div>
        ...
        <METS: div TYPE="Chapter" LABEL="第三十四篇 雜錄" ORDERLABEL="561">
          <METS: fptr FILEID="00000611" />
        </METS: div>
      </METS: structMap>
    </METS: mets>
```

在 catalog.xml 中，每一个目录条目对应为 structMap 中的一个节点。

示例 7:

```
    <METS: div TYPE="Chapter" LABEL="第三十四篇 雜錄" ORDERLABEL="561">
        <METS: fptr FILEID="00000611" />
    </METS: div>
```

其中的 LABEL 为显示的章节名称，而在"METS: fptr"中的"FILEID"则为本条目应指向的电子图书链接对象，这个对象在封装后的 a.opf 文件中有定义。而"ORDERLABEL"为目录链接条目的唯一编号，目前系统中还没有使用到，建议采用与"FILEID"同步的方式来编号。

对于多级目录，直接采用 METS: div 嵌套来记录。

示例 8：

```
<METS: div TYPE="Chapter" LABEL="冷水面团制品" ORDERLABEL="1">
    <METS: fptr FILEID="00000011"/>
    <METS: div TYPE="Chapter" LABEL="龙抄手" ORDERLABEL="1">
        <METS: fptr FILEID="00000011"/>
    </METS: div>
    <METS: div TYPE="Chapter" LABEL="清汤抄手" ORDERLABEL="4">
        <METS: fptr FILEID="00000014"/>
    </METS: div>
    ...
</METS: div>
```

5.2.3 资源封装信息标记

整个文件按 Open Packaging Format (OPF) 2.0 标准封装成 4 部分：

第 1 部分为 OPF 文件的框架及 XML 编码定义。

第 2 部分为元数据信息。

其中前半部分为 DC 元数据信息。

示例 9：

```
<dc-metadata xmlns: dc="http: //purl.org/dc/elements/1.0/">
    <dc: title>最新养蜂学</dc: title>
    <dc: creator>黄子固著</dc: creator>
    <dc: copyrighted></dc: copyrighted>
    <dc: subject>养蜂 蜂蜜 蜂具</dc: subject>
    <dc: publisher>李林园养蜂场</dc: publisher>
    <dc: date>1937</dc: date>
    <dc: type>普通图书</dc: type>
    <dc: format>Image/Djvu(.djvu)</dc: format>
    <dc: identifier xsi: type="bookid">74004004</dc: identifier>
    <dc: language>chi</dc: language>
</dc-metadata>
```

后半部分为扩展元数据信息。

示例 10：

```
<x-metadata>
    <meta content="2012-04-13" name="created" schema="dcterms" />
    <meta content="限于校园网用户" name="accessrights" schema="dcterms" />
    <meta content="南京农业大学" name="createcentre" schema="" />
    <meta content="南京农业大学图书馆" name="location" schema="" />
</x-metadata>
```

第 3 部分为图书内容链接条目列表(Manifest)。

示例 11：

```
<manifest>
    <item id="content1" href="ptiff\00000001.djvu" media-type="text/x-oeb1-document" />
    <item id="content2" href="ptiff\00000002.djvu" media-type="text/x-oeb1-document" />
    ......
    <item id="content629" href="ptiff\00000629.djvu" media-type="text/x-oeb1-document" />
    <item id="content630" href="ptiff\00000630.djvu" media-type="text/x-oeb1-document" />
    <item id="toc" href="ptiff\00000001.djvu" media-type="text/x-oeb1-document" />
</manifest>
```

其中“id”定义链接编号、“href”定义链接指向的文件。

第 4 部分为资源结构信息的内容导向链接(Guide)。

示例 12：

```
<guide>
    <reference type="" title="封面" href="ptiff/00000001.djvu" />
    <reference type="" title="目录" href="ptiff/00000007.djvu" />
    <reference type="" title="内容" href="ptiff/00000051.djvu" />
    <reference type="" title="序" href="ptiff/00000005.djvu" />
    <reference type="" title="封底" href="ptiff/00000629.djvu" />
</guide>
```

其中“title”定义内容导向页的类型，“href”定义内容导向链接指向的文件。

一个完整的 OPF 文件样例如下。

示例 13：

```
<? xml version="1.0" encoding="utf-8" ? >
<package                                                    unique-identifier="74004004"
xmlns: oebpackage="http: //openebook.org/namespaces/oeb-package/1.0/"
xmlns: xsi="http: //www.w3.org/2001/XMLSchema-instance">
    <metadata>
      <dc-metadata xmlns: dc="http: //purl.org/dc/elements/1.0/">
        <dc: title>最新养蜂学</dc: title>
        <dc: creator>黄子固著</dc: creator>
        <dc: copyrighted></dc: copyrighted>
        <dc: subject>养蜂 蜂蜜 蜂具</dc: subject>
        <dc: publisher>李林园养蜂场</dc: publisher>
        <dc: date>1937</dc: date>
        <dc: type>普通图书</dc: type>
        <dc: format>Image/Djvu(.djvu)</dc: format>
        <dc: identifier xsi: type="bookid">74004004</dc: identifier>
        <dc: language>chi</dc: language>
      </dc-metadata>
      <x-metadata>
        <meta content="2012-04-13" name="created" schema="dcterms" />
        <meta content="限于校园网用户" name="accessrights" schema="dcterms" />
        <meta content="南京农业大学" name="createcentre" schema="" />
        <meta content="南京农业大学图书馆" name="location" schema="" />
      </x-metadata>
    </metadata>
    <manifest>
        <item        id="content1"         href="ptiff\00000001.djvu"
media-type="text/x-oeb1-document" />
      ...
        <item        id="content629"       href="ptiff\00000629.djvu"
media-type="text/x-oeb1-document" />
        <item        id="content630"       href="ptiff\00000630.djvu"
media-type="text/x－oeb1－document" />
        <item        id="toc"              href="ptiff\00000001.djvu"
media-type="text/x－oeb1－document" />
    </manifest>
    <spine>
      <itemref idref="" />
    </spine>
    <guide>
        <reference type="" title="封面" href="ptiff/00000001.djvu" />
        <reference type="" title="目录" href="ptiff/00000007.djvu" />
        <reference type="" title="内容" href="ptiff/00000051.djvu" />
        <reference type="" title="序" href="ptiff/00000005.djvu" />
        <reference type="" title="封底" href="ptiff/00000629.djvu" />
    </guide>
</package>
```

参 考 文 献

[1] 常林，陈筠，任庆平，数字内容编码与内容标记标准研究分析报告[成果].项目年度报告：2002DEA20018.完成单位：首都图书馆.成果公布日期：20040325.

[2] International Digital Publishing Forum. Open Packaging Format (OPF) 2. 0. 1 v 1. 0. 1. 2010 - 09 - 04. [2013 - 10 - 15]. http: //www. idpf. orgepub20specOPF _ 2. 0 _ latest. htm.

[3] Library of Congress. Metadata Encoding & Transmission Standard. 2012-03-22. [2013-10-15]. http: //www. loc. gov/standards/mets/mets-schemadocs. html.

[4] LIZARD TECH, INC. DjVu Technology Primer. 2004-11. [2013-10-15]. http: //djvu. org/docs/DjVu_Tech_Primer. djvu.

[5] LIZARD TECH, INC. Lizardtech DjVu Reference v3. 2005-11. [2013-10-15]. http: //djvu. org/docs/DjVu3Spec. djvu.

ICS 01.140.20
A 14

C A D A L 项 目 标 准

CADAL 10112—2013

数字对象加工与应用等级标准

Digital Resource Grading Standard

第二稿

2013-10-15

2013-10-15 发布 2013-10-16 实施

CADAL 项目管理中心 发 布

目　　次

前　言

《CADAL 数字对象加工规范》分成 4 个部分，由 13 个标准组成。

——第 1 部分：CADAL 10101—2013 数字对象采集规范。

——第 2 部分：CADAL 10102—2013 数字对象制作基本流程规范，这部分根据加工对象的不同又分成 8 个子规范。

- 第 1 子规范：CADAL 10103.1—2013 图书期刊数字对象制作规范；
  CADAL 10103.2—2013 Book Digitalization Specification。
- 第 2 子规范：CADAL 10104—2013 报纸数字对象制作规范。
- 第 3 子规范：CADAL 10105—2013 文档数字对象制作规范。
- 第 4 子规范：CADAL 10106—2013 图片数字对象制作规范。
- 第 5 子规范：CADAL 10107—2013 古籍数字对象制作规范。
- 第 6 子规范：CADAL 10109—2013 视频数字对象制作规范。
- 第 7 子规范：CADAL 10110—2012 音频数据加工标准与操作规范。
- 第 8 子规范：CADAL 10227—2012 缩微胶片数字化加工标准与作规范。

——第 3 部分：CADAL 10111—2013 数字内容编码与内容标记规范。

——第 4 部分：CADAL 10112—2013 数字对象加工与应用等级标准。

本标准为第 4 部分。

《CADAL 数字对象加工规范》代替 CADAL 项目一期制定的《数字化文本加工规范草案》。

本标准由大学数字图书馆国际合作计划(CADAL)项目管理中心提出并归口。

本标准起草单位：深圳市点通数据有限公司、杭州中元数据科技有限公司、浙江大学图书馆。

本标准主要起草人：郑传双、周小芳、薛霏。

引　言

数字对象加工规范是数字图书馆资源建设的基础，制定数字对象加工规范的目的是让数字图书馆资源建设单位，在数字对象采集、加工、封装、存储等环节中有统一的规格和操作方法，保持数字资源的格式与内容形式的一致性。

《CADAL 数字对象加工规范》是 CADAL(China Academic Digital Associative Library)项目关于数字对象加工的规范集，是 CADAL 项目数字对象加工必须遵从的基础性企业标准。

《数字对象加工与应用等级标准》的基本目的是明确 CADAL 项目保存的资源等级，主要解决：

(1) 明确各类数字对象的分级方式；

(2) 规定不同等级的各类数字对象的规格要求。

数字对象加工与应用等级标准

1 范围

本部分规定了CADAL项目认可的数字对象加工与应用等级的类别、品质、许可的加工方式等。

本部分适用于CADAL项目数字对象采集与制作过程。

2 规范性引用文件

下列文件对于本文件的应用是必不可少的。凡是注日期的引用文件，仅所注日期的版本适用于本文件。凡是不注日期的引用文件，其最新版本(包括所有的修改单)适用于本文件。

CADAL 10101—2013　数字对象采集规范

3 术语与定义

下列术语和定义适用于本部分。

3.1 数字对象　Digital Object

数字对象指一组通过数字化加工得到的、描述一个特定的实物资源的、可存储于计算机并可利用计算机技术进行再现的数据集合。

3.2 原始图像　Original Image

原始图像指通过初始扫描、摄影、转换等手段直接获取的图像文件。

3.3 原始音频　Original Audio

原始音频指通过初始录制、转换等手段直接获取的音频文件。

3.4 原始视频　Original Video

原始视频指通过初始摄像、转换等手段直接获取的视频文件。

3.5 典藏级文件　Archive File

典藏级文件指数字对象采集过程所获得原始图像文件、原始音频文件、原始视频文件经过本规范许可的加工方法处理后得到的高精度、无压缩(或高品质压宿)的文件。

3.6 发布应用级文件 Application File

发布应用级文件指典藏级文件经过本规范许可的加工方法处理后得到的用于网上在线浏览的文件或特定应用的各类派生文件。

3.7 OTIFF 目录 OTIFF

OTIFF 目录指在数字对象主目录下，以“otiff”为名字的子目录，用于存放典藏级文件。

3.8 PTIFF 目录 PTIFF

PTIFF 目录指在数字对象主目录下，以“ptiff”为名字的子目录，用于存放发布应用级文件。

3.9 采样率 Sample Rate

采样率也称为采样速度或者采样频率，指每秒从连续信号中提取并组成离散信号的采样个数，它用赫兹(Hz)来表示。对音频信号来说，就是指每秒钟采集多少个声音样本，或者说，是通过波形采样的方法记录 1 秒钟长度的声音需要多少个数据。

3.10 量化级 Quantitative Level

量化级也称“量化数据位数”，是描述声音波形之数据位数的二进制数据，亦即每个采样点所能表示的数据范围，其通用单位是比特(bit)。

3.11 声道数 Sound Channels

声道是指声音在录制或播放时其音频信号所经过的空间通道，声道数即是声音录制时的音源数量，或声音回放时的扬声器数量。

3.12 比特率 Bit Rate

比特率是指每秒钟所传输的比特(bit)数。

3.13 分辨率 Resolution

分辨率指对象图像或视频画面的长宽点数。

3.14 帧数 Frames

帧数就是在 1 秒钟时间里传输的图片的个数。

4 总则

4.1 数字对象等级

CADAL 项目数字对象分成两个等级：

(1) 典藏级；

(2) 发布应用级。

4.2 数字对象存储方式

CADAL 项目数字对象采取联合封装的方式存储，即把典藏级文件与发布应用级文件封装在一个完整的数字对象中，其中：

(1) 典藏级文件存放于数字对象下的 OTIFF 目录中；

(2) 发布应用级文件存放于数字对象下的 PTIFF 目录中。

5 资源等级要求

5.1 图书期刊

图书期刊数字对象等级标准见表 1。

表 1 图书期刊数字对象等级标准

级别	主要参数			许可的加工方法
	位深、颜色、分辨率	文件格式	压缩	
*典藏级	24 位、彩色、≥600dpi	JPEG、JP2	JPEG2000	裁边、纠偏
	8 位、灰度、≥600dpi	JPEG、JP2	JPEG2000	裁边、纠偏
	1 位、黑白、≥600dpi	TIFF	CCITT-G4	裁边、纠偏、去噪、对齐版心
发布应用级	24 位、彩色、≥150dpi	DJVU	DJVU 压缩	裁边、纠偏、格式转换
	8 位、灰度、≥150dpi	DJVU	DJVU 压缩	裁边、纠偏、格式转换
	1 位、黑白、≥150dpi	DJVU	DJVU 压缩	裁边、纠偏、去噪、对齐版心、拼接、格式转换

* 注：若使用拍摄式扫描仪获取典藏级图片，其分辨率≥300dpi。

5.2 报纸

报纸数字对象等级标准见表 2。

表 2 报纸数字对象等级标准

级别	主要参数			许可的加工方法
	位深、颜色、分辨率	文件格式	压缩	
*典藏级	24 位、彩色、≥600dpi	JPEG、JP2	JPEG2000	裁边、纠偏
	8 位、灰度、≥600dpi	JPEG、JP2	JPEG2000	裁边、纠偏
	1 位、黑白、≥600dpi	TIFF	CCITT-G4	裁边、纠偏、去噪、对齐版心
发布应用级	24 位、彩色、≥150dpi	DJVU	DJVU 压缩	裁边、纠偏、格式转换
	8 位、灰度、≥150dpi	DJVU	DJVU 压缩	裁边、纠偏、格式转换
	1 位、黑白、≥150dpi	DJVU	DJVU 压缩	裁边、纠偏、去噪、拼接、格式转换

* 注：若使用拍摄式扫描仪获取典藏级图片，其分辨率≥300dpi。

5.3 文档

文档数字对象等级标准见表 3。

表 3 文档数字对象等级标准

<table>
<tr><th rowspan="2">级别</th><th colspan="3">主要参数</th><th rowspan="2">许可的加工方法</th></tr>
<tr><th>位深、颜色、分辨率</th><th>文件格式</th><th>压缩</th></tr>
<tr><td rowspan="3">* 典藏级</td><td>24 位、彩色、≥600dpi</td><td>JPEG、JP2</td><td>JPEG2000</td><td>裁边、纠偏</td></tr>
<tr><td>8 位、灰度、≥600dpi</td><td>JPEG、JP2</td><td>JPEG2000</td><td>裁边、纠偏</td></tr>
<tr><td>1 位、黑白、≥600dpi</td><td>TIFF</td><td>CCITT-G4</td><td>裁边、纠偏、去噪、对齐版心</td></tr>
<tr><td rowspan="3">发布应用级</td><td>24 位、彩色、≥150dpi</td><td>DJVU</td><td>DJVU 压缩</td><td>裁边、纠偏、格式转换</td></tr>
<tr><td>8 位、灰度、≥150dpi</td><td>DJVU</td><td>DJVU 压缩</td><td>裁边、纠偏、格式转换</td></tr>
<tr><td>1 位、黑白、≥150dpi</td><td>DJVU</td><td>DJVU 压缩</td><td>裁边、纠偏、去噪、对齐版心、拼接、格式转换</td></tr>
</table>

* 注：若使用拍摄式扫描仪获取典藏级图片，其分辨率≥300dpi。

5.4 图片

图片数字对象等级标准见表 4。

表 4 图片数字对象等级标准

<table>
<tr><th rowspan="2">级别</th><th colspan="3">主要参数</th><th rowspan="2">许可的加工方法</th></tr>
<tr><th>位深、颜色、分辨率</th><th>文件格式</th><th>压缩</th></tr>
<tr><td rowspan="3">* 典藏级</td><td>24 位、彩色、≥600dpi</td><td>JPEG、JP2</td><td>JPEG2000</td><td>裁边、纠偏</td></tr>
<tr><td>8 位、灰度、≥600dpi</td><td>JPEG、JP2</td><td>JPEG2000</td><td>裁边、纠偏</td></tr>
<tr><td>1 位、黑白、≥600dpi</td><td>TIFF</td><td>CCITT-G4</td><td>裁边、纠偏、去噪、对齐版心</td></tr>
<tr><td rowspan="3">发布应用级</td><td>24 位、彩色、≥150dpi</td><td>DJVU</td><td>DJVU 压缩</td><td>裁边、纠偏、格式转换</td></tr>
<tr><td>8 位、灰度、≥150dpi</td><td>DJVU</td><td>DJVU 压缩</td><td>裁边、纠偏、格式转换</td></tr>
<tr><td>1 位、黑白、≥150dpi</td><td>DJVU</td><td>DJVU 压缩</td><td>裁边、纠偏、去噪、对齐版心、拼接、格式转换</td></tr>
</table>

* 注：若使用拍摄式扫描仪获取典藏级图片，其分辨率≥300dpi。

5.5 古籍

古籍数字对象等级标准见表 5。

表 5 古籍数字对象等级标准

级别	主要参数			许可的加工方法
	位深、颜色、分辨率	文件格式	压缩	
* 典藏级	24 位、彩色、≥600dpi	JPEG、JP2	JPEG2000	裁边、纠偏
	8 位、灰度、≥600dpi	JPEG、JP2	JPEG2000	裁边、纠偏
	1 位、黑白、≥600dpi	TIFF	CCITT-G4	裁边、纠偏、去噪、对齐版心
发布应用级	24 位、彩色、≥150dpi	DJVU	DJVU 压缩	裁边、纠偏、格式转换
	8 位、灰度、≥150dpi	DJVU	DJVU 压缩	裁边、纠偏、格式转换
	1 位、黑白、≥150dpi	DJVU	DJVU 压缩	裁边、纠偏、去噪、对齐版心、拼接、格式转换

* 注：若使用拍摄式扫描仪获取典藏级图片，其分辨率≥300dpi。

5.6 音频

音频数字对象等级标准见表 6。

表 6 音频数字对象等级标准

级别	主要参数					许可的加工方法
	采样率	量化级	通道数	比特率	压缩	
典藏级	44.1kHz	16bit	保持	96kbps	不压缩	裁剪
发布应用级	22.05kHz	16bit	2	64kbps	mp3/AAC	裁剪、压缩、降声道、降采样率、格式转换

5.7 视频

视频数字对象等级标准见表 7。

表 7 视频数字对象等级标准

级别	主要参数							许可的加工方法
	分辨率	帧数	视频速率	声频采样率	声道	音频速率	压缩	
典藏级	720*576	≥30	8Mbps	44.1kHz	保持	384kbps	MPEG4 Part 2	裁剪、压缩
发布应用	352*288	25	1152kbps	22.05kHz	2	224kbps	MPEG4 Part 10	裁剪、压缩、降声道和采样率、格式转换

参 考 文 献

[1] 孙一钢，龙伟，赵四友. 数字资源加工标准研究报告[成果]. 项目年度编号：2002DEA20018. 完成单位：国家图书馆. 成果编号：CDLS-S03-008. 成果公布日期：2006-06.

[2] 张成昱，曾婷，周虹，杨京峰. 通用数字资源(音频数据)格式标准分析报告[成果]. 项目年度编号：2002DEA20018. 完成单位：清华大学. 成果编号：CDLS-S03-005. 成果公布日期：200308.

[3] LIZARD TECH，INC. DjVu Technology Primer. 2004-11. [2013-10-15]. http://djvu. org/docs/DjVu_Tech_Primer. djvu.

[4] LIZARD TECH，INC. Lizardtech DjVu Reference v3. 2005-11. [2013-10-15]. http://djvu. org/docs/DjVu3Spec. djvu.

[5] Yann LeCun，Leon Botton，Patrick Haffner，Jeffery Triggs. Overview of the DjVu Document Compression Technology. 2001—04. [2013-10-15]. http://www. djvu. orgdocs2001_compression_overview. djvu.

[6] 金更达，黄晨，孙晓菲. CADAL 数字化文本元数据规范草案(Version 2.0). 浙江大学图书馆，http://www. cadal. cn/cnc/cnjsgfCADAL_metadata_2004. pdf.

资源集合框架

数字资源存储标准规范集

ICS 01.140.20
A 14

CADAL 项目标准

CADAL 20501—2012

通用数字资源存储标准

Standard Specification for Storage of General Digital Resources

第一稿

2012-05-08

2012-05-08 发布 2012-05-09 实施

CADAL 项目管理中心 发布

目　次

前　　言

《CADAL 项目数字对象存储标准》分为 6 个部分，由 6 个标准组成。

——第 1 部分：CADAL 20501—2012 通用数字资源存储标准。

——第 2 部分：CADAL 20502—2012 数字对象文本类型存储标准。

——第 3 部分：CADAL 20503—2012 数字对象图像类型存储标准。

——第 4 部分：CADAL 20504—2012 数字对象音频类型存储标准。

——第 5 部分：CADAL 20505—2012 数字对象视频类型存储标准。

——第 6 部分：CADAL 20506—2012 数字资源压缩和索引规范。

本部分为《CADAL 项目数字对象存储标准》的第 1 部分。

本标准制定了通用数字资源的存储要求。

本标准是大学数字图书馆国际合作计划(CADAL)项目二期研制成果之一。

本标准制定了 CADAL 项目通用数字资源存储标准，CADAL 项目的各种类型数字资源存储标准应至少满足本标准提出的要求。

本标准由大学数字图书馆国际合作计划(CADAL)项目管理中心提出并归口。

本标准的起草单位：浙江理工大学图书馆。

本标准的主要起草人：刘翔、黄志强、施干卫。

引　言

本标准针对 CADAL 项目的实际情况，以制定 CADAL 项目数字资源存储通用标准为目标，考虑了 CADAL 项目“数字对象加工标准规范集”、“数字对象元数据标准规范集”、“数字对象标识标准规范集”等子项目相关成果的关系，根据 CADAL 项目“数字资源存储标准集”的要求制定。

本标准在制定过程中参考了全球网络存储工业协会(Storage Network Industry Association，SNIA)、国家数字图书馆工程等国内外同类型项目与单位相关公开文档，重点借鉴了美国国会图书馆的 METS 标准，同时还参考了 MooseFS 分布式文件系统相关文档。

本标准针对文本、图像、音频、视频这 4 种数字资源存储的共性进行规范，不局限于某种特定格式的数字资源，最大程度增加了本标准的适用性。本标准基于 CADAL 项目一期及二期当前存储情况及今后发展的需要，优先考虑 CADAL 项目现有的资源基础，有选择地借鉴国内外数字资源存储的经验。

本标准提供了一个标准化的 XML 格式文档，用于长期保存复杂的数字对象。

通用数字资源存储标准

1 范围

本标准适用于CADAL数字资源的存储，包括文本、图像、音频、视频4种类型数字资源对象及由其组成的复合数字资源对象的长期保存。

本标准仅提出CADAL数字资源存储的通用标准，文本、图像、音频、视频等具体数字资源存储标准另行制定，但另行制定的存储标准必须符合本标准提出的通用要求。

2 规范性引用文件

下列文件对于本文件的应用是必不可少的。凡是注日期或版本的引用文件，仅注日期版本或指定版本适用于本文件。凡是不注日期或版本的引用文件，其最新版本(包括所有的修改单)适用于本文件。

XML Link Language (XLink) Version 1.0；

国家图书馆管理元数据规范和应用指南；

国家图书馆数字资源唯一标识符规范和应用指南；

国家图书馆对象数据项目视频数据加工标准与工作规范标准规范；

GB/T 18391 信息技术 元数据注册系统(ISO/IEC 11179)；

GB/T 4894—2009 信息与文献 术语(ISO 5127：2001)；

ISO 14721 空间数据和传输系统——开放档案信息系统参考模型(reference model for an open archival information system)；

ISO 15489 信息与文献——文件管理(information and documentation—records management)；

ISO 15836 信息和文献工作——都柏林核心元数据元素集(information and documentation—the Dublin core metadata element set)；

ANSI/NISO Z39.84 数字对象标识符语法(syntax for the digital object identifier)。

3 术语和定义

下列术语和定义适用于本部分。

3.1 可扩展标记语言XML Extensible Markup Language

可扩展标记语言XML指用于标记电子文件使其具有结构性的标记语言，可以用来标记数据、定义数据类型，是一种允许用户对自己的标记语言进行定义的源语言。

3.2 数字资源 Digital Resource

数字资源是指以数字形式发布、存取和利用的信息资源。

3.3 数字资源对象 Digital Resource Object

数字资源对象包括简单数字资源对象与复合数字资源对象。简单数字资源对象指具有完整意义的独立文件,如一个 mp3 文件、一个 tiff 图像文件、一个 txt 文本文件。复合数字资源对象指包含多于一个文件的数字资源对象的复合体,如一本电子书,一种电子期刊,包含文字介绍、宣传单和视频文件的一场讲座等。

3.4 元数据 Metadata

元数据指定义或描述其他数据的数据。

3.5 DC 元数据 Dublin Core Metadata

DC 元数据指都柏林核心元数据

3.6 描述型元数据 Descriptive Metadata

描述型元数据指对数字资源本身的内容、属性、外在特征进行描述的元数据。

3.7 管理型元数据 Administrative Metadata

管理型元数据指描述组成该数字对象的文件,也可以描述生成该对象的原始素材。

3.8 数字资源存储标准文档 DRSS Digital Resource Storage Standard Document

数字资源存储标准文档是指由 XML 语言表示的数字资源存储文档。

3.9 DRSS 文档简单类型

DRSS 文档简单类型是 XML 文档自定义类型,仅由通用类型构成,不包含任何其他自定义类型。

3.10 DRSS 文档复杂类型

DRSS 文档复杂类型是 XML 文档自定义类型,可以由 DRSS 简单类型或者通用类型共同构成。

3.11 属性组

由一组 XML 文档属性构成的集合,仅为简化文档描述之用。

4 总体框架

4.1 SIRF 数字资源长期保存模型

全球网络存储工业协会（Storage Network Industry Association，SNIA）在 *Self-contained Information Retention Format* 文档中提出了 SIRF 模型，SIRF 是一个用于长期数字资源保存的逻辑模型，如图 1 所示。

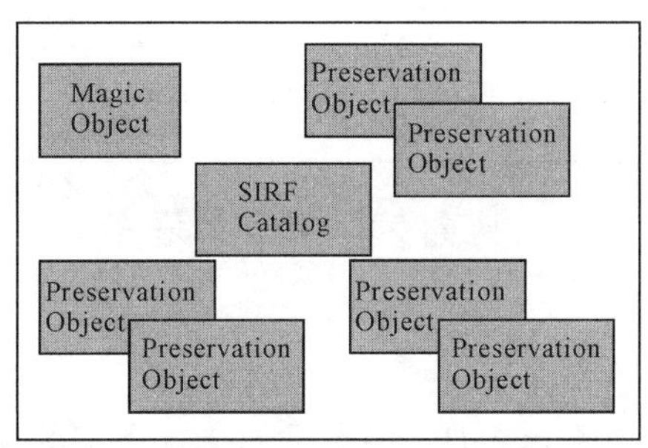

图 1　SIRF 数字资源长期保存模型

该模型有 3 个重要组成部分：

(1) Magic Object：用于标示 SIRF 容器和版本。

(2) Preservation Object：包含不同版本的、多副本的数字对象。

(3) SIRF Catalog：一个可更新、存储元数据内容并且在未来不再依赖外部的文件系统目录即可便捷地获取到数字对象。

SIRF 采用了两层分级定义的方法。级别一：SIRF Catalog 存储了唯一的元数据而不包含数字对象，但是可使未来这些数字对象方便获取。例如，具有保留、引用计数，保护对象的固定性算法、固定性值和固定日期等。级别二：目录信息不但包含元数据信息而且包含数字对象，数字对象可快速获取。例如，元数据链接到数字对象，元数据包含数字对象之间关系及封装格式，确保数字对象关系的完整性。

SIRF 的数字资源长期保存模型架构为本课题的研究提供了一个前瞻性的方向。本课题从资源存储组织方式及资源存储模式上予以研究，在 SIRF 指导性原则下制定了 CADAL 的数字资源存储标准。

4.2 资源组织框架

资源组织方式必须满足以下几个特性：

——易操作性；

——易访问性；

——易维护性；

——易扩展性。

根据以上几个特性，本标准给出了资源组织的框架，如图 2 所示。

其中元数据区存放的数字资源对象所对应的元数据集合，通过各元数据中的引用属性可以找到对应的数字对象。因此只要通过访问元数据即可访问相应的数字对象。由于XML 提供了统一的方法来描述和交换独立于应用程序或应用平台的结构化数据，所以本标准的元数据格式采用国际通用可扩展标记语言 XML 进行编码。

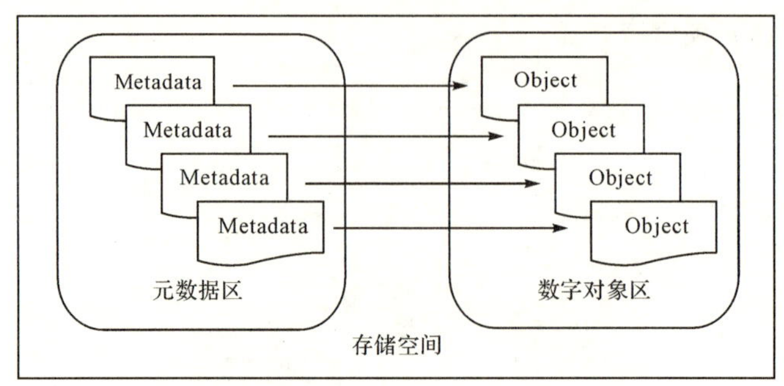

图 2　资源组织框架

4.3　资源存储框架

CADAL 所需存储的资源大部分是海量的几百 KB 字节的小文件，资源的存储方式必须满足这些小文件的快速访问需求，保障系统的响应能力。从 CADAL 发展趋势看，其应用有如下特点：

(1) 数据规模大，且呈现出持续的海量式的增长，这些数据都需要长期保存，并提供在线访问。

(2) 对数据的有效管理提出了更高的要求，对查询操作的事务处理能力要求高，响应时间要求苛刻。

CADAL 的存储标准必须符合数字资源管理中所涉及的 3 方面内容，即存储、备份和灾难恢复，必须从以下几个方面加以考虑：

(1) 高可用性：建立一套高效的存储机制，使得系统能够长时间安全可靠地运行。

(2) 易管理性：系统应该具有数据自动化备份与恢复机制，降低人员维护成本，避免人为因素造成的损失，增加备份可靠性。

(3) 可扩展性：存储系统应易扩充，并能保证应用的连续性。

(4) 高性能：可适用于海量小文件的管理需求，防止读取的延时。

5　数据保存策略

5.1　数据长期保存策略

当前，磁盘存储系统用于数据的短期备份，将磁带存储系统用于数据的长期保留仍是数据保存的经典策略。常见的做法是将最近生成的数据在磁盘系统中备份，当文件被删除或损坏时便可以迅速找回。在长期数据保存方面，磁带才是关键的要素。

LTO 项目组第五代规格即 LTO-5 规范提供了更高的容量和性能。单盘 LTO-5 磁带提供了 3TB 的数据存储容量提供了 280MB/s 的吞吐量，同时 LTO-5 提供的接口支持 8Gb

光纤通道（fibre channel，FC）连接，可以方便地将存储磁盘系统中的数据传输到磁带进行备份。LTO-5 引入了分区的概念，在一盘磁带内的介质可以分成一个索引分区（index partition）和一个数据分区（data partition），从而实现线性磁带文件系统（Linear Tape File System，LTFS），提供从磁带直接管理文件的功能。两个分区能够独立访问，索引分区的容量很小，用来保存文件的索引和目录结构，文件本身保存在数据分区上。配备 LTO-5 磁带机的计算机系统，可以直接看到采用 LTFS 的 LTO-5 磁带上的文件和目录。

5.2 面向对象的并行文件系统与 SIRF

面向对象的并行文件系统从其架构模式上最接近全球网络存储工业协会（Storage Network Industry Association，SNIA）提出的 SIRF 数字资源长期保存模型。在面向对象的并行文件系统中文件被分散成多个对象存储于对象存储节点，这个同 SIRF 中的 Preservation Object 一致。在面向对象的并行文件系统中的元数据服务器用于保存每个文件的元数据如文件大小、属性和存储位置，同时包括所有有关的非正规文件如目录、设备信息，这个同 SIRF 中的 SIRF Catalog 的基本用意一致。因此，采用面向对象的并行文件系统构建数字资源存储系统较为符合 SIRF 模型规范。

5.3 推荐存储架构模型

如图 3 所示的存储架构模型中采用 IP SAN 和 FC SAN 构建存储资源池，采用至少 3 台服务器组成的 MooseFS 分布式文件系统来加载存储资源池的存储资源，由这些服务器群组组成的 MooseFS 分布式文件系统为客户机提供冗余、高效率的存储服务。采用 LTO-5磁带库可以直接备份存储资源池的数字资源。

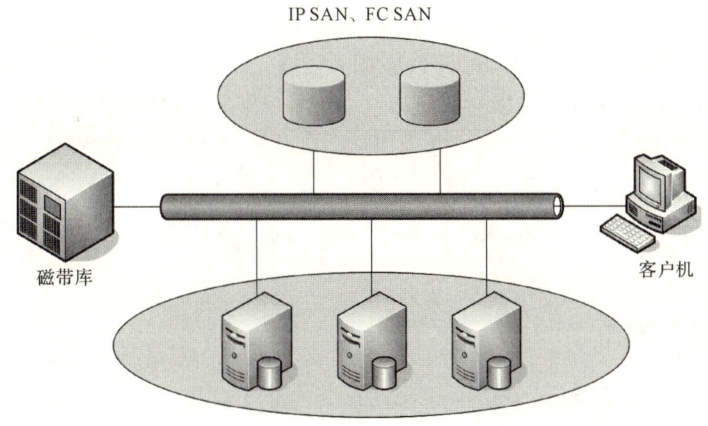

图 3 推荐的存储架构模型

5.4 文件及目录策略

文件系统的性能决定了文件存取的性能和对文件目录的管理效率，常见文件系统性能见表 1。

表 1　常见文件系统性能

文件系统类型	最大文件数	最大文件大小	单目录最大文件数
FAT32	268，435，437	4GB	65535
NTFS	4，294，967，295	16TB	N/A
Ext2	10^{18}	2TB	1.3×10^{20}
Ext3	2^{13}	2TB	N/A

从本性能比较表中可以看出 Ext3 文件系统具有相对优秀的性能，从方便管理的角度考虑建议，在每个物理卷下建一个 XML 文件用于索引本卷下的所有文件夹。一个资源集建立一个文件夹，该文件夹包含了本资源集的所有数字对象以及一个描述该资源集中数字对象的 XML 文件。

6　DRSS 文档

6.1　DRSS 文档根节点

一个 DRSS 文档包含唯一根节点，称为 drss 节点，其类型 drssType 是一个 DRSS 文档复杂类型。drss 节点包含 5 个属性和 5 个子节点。

6.2　drss 节点的属性

——属性 ID，ID 类型，可选属性，DRSS 文档中的唯一标识，可以被其他元素或者文档通过 IDREF 或者 XPTR 进行引用；
——属性 OBJID，string 类型，可选属性，记录 DRSS 文档的主标识符；
——属性 LABEL，string 类型，可选属性，为用户提供文档的标题(或标识文本)；
——属性 TYPE，string 类型，可选属性，描述资源的类型，如图书、视频、音频等；
——属性 PROFILE，string 类型，可选属性，提供本 DRSS 文档遵循的 profile 文件的 URI 或其他标识符。

6.3　drss 节点的子节点

——DRSS 文档头节点 drssHdr，drssHdr 是一个 DRSS 文档复杂类型，为可选元素；
——描述型元数据节点 dmdSec，dmdSec 是一个称为 mdSecType 的 DRSS 文档通用复杂类型，为可选元素，但不限制其在 drss 节点中出现的次数；
——管理型元数据节点 amdSec，amdSec 是一个称为 amdSecType 的 DRSS 文档通用复杂类型，为可选元素，但不限制其在 drss 节点中出现的次数；
——文件节点 fileSec，fileSec 为可选节点，其包含多个类型为 fileGroupType 的 fileGroup 元素，用于记录数字对象的所有数字文件信息；

——结构图节点 structMap，structMap 是一个称为 structMapType 的 DRSS 文档通用复杂类型，其定义了被数字化的源文档的层次结构，不限制在 drss 节点中出现的次数，是 DRSS 文档的核心。

7 DRSS 文档头节点 drssHdr

7.1 DRSS 文档头节点

DRSS 文档头节点 drssHdr 记录的是关于 DRSS 文档本身(而不是 DRSS 文档所存储的数字对象)的元数据。它是一个 DRSS 文档复杂类型，包含 5 个属性和 3 个子节点。

7.2 drssHdr 元素的属性

——属性 ID，ID 类型，可选属性，DRSS 文档中的唯一标识，可以被其他元素或者文档通过 IDREF 或者 XPTR 进行引用；

——属性 ADMID，可选属性，提供本 DRSS 文档管理型元数据节点的 XML ID 值列表(该管理型元数据节点位于本 DRSS 文档内)；

——属性 CRATEDATE，时间类型，可选属性，记录本 DRSS 文档创建时间；

——属性 LASTMODDATE，时间类型，可选属性，记录本 DRSS 文档上次修改时间；

——属性 RECORDSTATUS，字符串类型，可选属性，指示本 DRSS 文档的状态(内部处理)。

7.3 drssHdr 元素的子节点

——代理节点 agent，可选节点，DRSS 文档复杂类型，不限制最多出现次数；

——其他记录 ID 节点 altRecordID，可选节点，DRSS 文档复杂类型，不限制最多出现次数,除了 DRSS 根节点的 OBJID 属性中存储的主 ID 之外，该节点提供本 DRSS 文档的其他 ID；

——DRSS 文档 ID 节点 drssDocumentID，可选节点，DRSS 文档复杂类型,与 OBJID 不同，该节点记录文档本身的 ID，而不是数字对象的独立 ID。

7.4 agent 元素

agent 是 DRSS 文档代理，记录关于 DRSS 文档有关的各种团体及其承担的角色。

7.4.1 agent 元素的属性

——属性 ID，ID 类型，可选属性，DRSS 文档中的唯一标识，可以被其他元素或者文档通过 IDREF 或者 XPTR 进行引用。

——属性 ROLE，字符串类型，必选属性，指明与本 DRSS 对象有关的团体所担当的角色。ROLE 必须是下面 7 个值之一。

- CREATOR：负责创建本 DRSS 文档的 agent(创建者)。
- EDITOR：负责编辑本 DRSS 文档的 agent(编辑者)。

• ARCHIVIST：负责存档保管本 DRSS 文档的 agent，和(或)负责存档保管用来创建本 DRSS 对象的原始资源的 agent。
• PRESERVATION：负责保存本 DRSS 对象的 agent，和(或)负责保存用来创建本 DRSS 对象的原始资源的 agent。
• DISSEMINATOR：负责分发或出版本 DRSS 对象的 agent。
• CUSTODIAN：负责监管本 DRSS 对象的 agent。
• IPOWNER：拥有本 DRSS 对象或其中一部分的知识产权的 agent。
• OTHER：对本 DRSS 对象拥有不属于上述任何一种的其他权利(或负有其他责任)的 agent。

——属性 OTHERROLE，字符串类型，可选属性。记录 agent 与本 DRSS 对象(或其来源)有关的特殊角色。当 ROLE 属性值为 OTHER 时使用。

——属性 TYPE，字符串类型，可选属性。记录 agent 类型，可取以下 3 值之一。

• INDIVIDUAL：独立自然人代理。
• ORGANIZATION：集体代理。
• OTHER：其他形式代理(如软件代理)。

——属性 OTHERTYPE，字符串类型，可选属性。记录 agent 的特定类型。当 TYPE 属性值为 OTHER 时使用。

7.4.2 agent 元素的子节点

——子节点 name，字符串类型，可以用来记录 agent 的全称。

——子节点 note，字符串类型，可选节点，不限制最多出现次数，记录与本 DRSS 文档有关的 agent 的活动的补充说明。

7.5 altRecordID 元素

其他记录 ID 节点是除了 DRSS 根元素的 OBJID 属性中存储的主 ID 之外，提供本 DRSS 文档的其他 ID。其属性有：

——属性 ID，ID 类型，可选属性，DRSS 文档中的唯一标识，可以被其他元素或者文档通过 IDREF 或者 XPTR 进行引用；

——属性 TYPE，字符串类型，可选属性，对属性 ID 进行描述。

7.6 drssDocumentID 元素

DRSS 文档 ID 节点记录文档本身的标识，而不是如根节点的 OBJID 属性那样标识的是数字对象。其属性有：

——属性 ID，ID 类型，可选属性，DRSS 文档中的唯一标识，可以被其他元素或者文档通过 IDREF 或者 XPTR 进行引用；

——属性 TYPE，字符串类型，可选属性，对属性 ID 进行描述。

8　DRSS 文档描述型元数据节点 dmdSec

8.1　DRSS 文档描述型元数据节点

描述型元素节点 dmdSec 记录 DRSS 对象内容全部项目的所有描述型元素，包括结构图部分的描述型元数据及数据文件的描述型元数据。元数据既可被包含在 DRSS 文档中（即 mdWrap 方式），也可以通过其标识符或指引器进行引用（即 mdRef 方式）。为了记录 DRSS 对象的每个独立项目的描述型元数据，允许 dmdSec 元素多次出现在 DRSS 文档中。

dmdSec 节点的类型为 mdSecType，它与 DRSS 文档中的 techMD、rightsMD、sourceMD 和 digiprovMD 节点为同一类型，拥有同样的属性和子元素。mdSecType 是 DRSS 文档复杂类型，是指向或者包含元数据的通用框架。

8.2　mdSecType 的属性

——属性 ID，ID 类型，必选属性，DRSS 文档中的唯一标识，可以被其他元素或者文档通过 IDREF 或者 XPTR 进行引用。

——属性 GROUPID，字符串类型，可选属性。组标识符用于表示不同的元数据节同属一个组。两个 GROUPID 值相同的元数据节同属一组。比如，把同一个元数据的不同版本划为一组，即可将元数据的早期版本记录在文件中，从而跟踪其变化情况。

——属性 ADMID，可选属性。提供本 DRSS 文档管理型元数据节点的 XML ID 值列表（该管理型元数据节点位于本 DRSS 文档内）。

——属性 CREATED，时间类型，可选属性，指明创建该元数据的日期和时间。

——属性 STATUS，字符串类型，可选属性，指明该元数据的状态（如过期、正在使用等）。

8.3　mdSecType 的子节点

mdSecType 包含 2 个 DRSS 复杂类型的子节点：一个是元数据引用（metadata reference，mdRef），另一个是元数据包装器（metadata wrapper，mdWrap）。

8.3.1　mdRef 元素

元数据引用 mdRef 是用来提供指向 DRSS 文档之外的某元数据的指针。需要注意的是 mdRef 是空元素，元数据的位置必须记录在 xlink：href 属性中，如需要则辅以 XPTR 属性。其所有属性如下所示：

——属性 ID，ID 类型，可选属性，DRSS 文档中的唯一标识，可以被其他元素或者文档通过 IDREF 或者 XPTR 进行引用。

——属性 LABEL，字符串类型，可选属性，为 DRSS 文档浏览者提供此元数据的标签。

——属性 XPTR，字符串类型，可选属性，提供 mdRef 元素所指向文件的某内部位置的 xptr 指针。必要时使用：
——属性组 LOCATION，见 12.2；
——属性组 xlink：simpleLink；
——属性组 METADATA，见 12.1；
——属性组 FILECORE，见 12.3。

8.3.2 mdWrap 元素

元数据包装器 mdWrap 元素是贯穿 DRSS 文档的通用元素。通过 mdWrap 元素，DRSS 文档允许编码器内置任何符合其他标准或 schema 的元数据。内置的元数据既可以用 XML 编码直接放在 mdWrap 元素内，也可以用 Base64 编码后放在子元素 binData 内。其所有元素如下所示：
——属性 ID，ID 类型，可选属性，DRSS 文档中的唯一标识，可以被其他元素或者文档通过 IDREF 或者 XPTR 进行引用；
——属性 LABEL，字符串类型，可选属性，为 DRSS 文档浏览者提供此元数据的标签；
——属性组 METADATA，见 12.1；
——属性组 FILECOER，见 12.3。

9 DRSS 文档管理型元数据节点 amdSec

9.1 DRSS 文档管理型元数据节点

管理型元数据节点记录 DRSS 对象所有条目的全部管理型元数据(包括结构图、数据文件、描述型元数据节以及管理型元数据节本身)。它包含 4 个子节点：技术元数据(techMD)、知识产权元数据(rightsMD)、来源元数据(sourceMD)和数字起源元数据(digiprovMD)。每个子节点均为 mdSecType 类型，以 mdWrap 方式包含在 DRSS 文档中，或以 mdRef 指示其标识符。techMD、rightsMD、sourceMD、digiprovMD 可以重复，以便记录 DRSS 对象的每一个条目的管理型元数据。

9.2 技术元数据 techMD

技术元数据元素记录了 DRSS 对象的技术元数据内容。与 dmdSec、rightsMD、sourceMD 和 digiprovMD 元素一样，是 mdSec 类型，有同样的属性和子元素。技术元数据既可以通过 mdWrap 元素包含元数据，也可以通过 mdRef 元素引用外部元数据，或者两种方式都用。DRSS 文档允许多次使用技术元数据元素，同时技术元数据可以被任何包含 ADMID 的 DRSS 元素所引用。

9.3 知识产权元数据 rightsMD

知识产权元数据记录了 DRSS 文档的版权。与 dmdSec、techMD、sourceMD 和

digiprovMD 元素一样，是 mdSec 类型，有同样的属性和子元素。知识产权元数据既可以通过 mdWrap 元素包含元数据，也可以通过 mdRef 元素引用外部元数据，或者两种方式都用。DRSS 文档允许多次使用知识产权元数据元素，同时知识产权元数据可以被任何包含 ADMID 的 DRSS 元素所引用。

9.4 来源元数据 sourceMD

来源元数据记录了 DRSS 对象的来源格式或者播放组件。它经常用于发掘、数据管理或者数字资源保护。与 dmdSec、techMD、rightsMD 和 digiprovMD 元素一样，是 mdSec 类型，有同样的属性和子元素。来源元数据既可以通过 mdWrap 元素包含元数据，也可以通过 mdRef 元素引用外部元数据，或者两种方式都用。DRSS 文档允许多次使用来源元数据元素，同时来源元数据可以被任何包含 ADMID 的 DRSS 元素所引用。

9.5 数字起源元数据 digiprovMD

数字起源元数据包含了一个数字对象的最初起源信息及其当前元素的衍生信息。它包含很多情形，也许表示同一对象的不同文件之间存在着主从关系或衍生关系，也许表示经过数字化后的数字对象的组成文件又经过了转换或迁移，也许表示原生数字资源文件的创建。简言之，digiprovMD 的目的，是使所记录的信息反映出数字对象生命周期中都经历过哪些变化，以便档案管理人员、图书馆工作人员和学者们能够判断出这种变化过程对原始作品反映的真实程度可能带来的影响或损失。

10 DRSS 文档文件节点 fileSec

10.1 DRSS 文档文件节点

fileSec 节点记录组成此数字对象的所有数据文件的信息，它可以包含一个或多个类型为 fileGrpType 的文件组(file group)元素 fileGrp。fileGrp 把构成一个数字对象的所有文件按层次关系聚合在一起(通过递归定义构建层次关系，如某作品的所有图像，某页面的所有图像等)，fileGrp 可以包含零个或多个文件元素。文件元素则依次包含一个或多个 FLocat 元素(指向该对象内容的文件指针)和(或)FContent 元素(以 XML 或 Base64 编码的文件内容)。

10.2 文件组 fileGrp 的属性

——属性 ID，ID 类型，可选属性，DRSS 文档中的唯一标识，可以被其他元素或者文档通过 IDREF 或者 XPTR 进行引用；
——属性 VERSDATE，时间类型，可选属性，指明数字对象的此版本或者文件组的创建时间；
——属性 ADMID，引用可选属性，指明该 DRSS 文档中此文件组内所有文件对应的管理型元数据节的 XML ID 值列表；
——属性 USE，字符串类型，可选属性，指明本文件组内所有文件的用途(如图像的主文件，参考文件或缩略图等)。

10.3 文件组 fileGrp 的子节点

——子元素 fileGrp，fileGrpType 类型，递归包含零至多个 fileGrp 元素；
——子元素 file，fileType 类型，可选元素，但不限制出现次数。

10.4 file 元素

文件元素为 DRSS 对象存取内容文件。一个文件元素可能包含一个或多个 FLocat 元素(内容文件指针)和(或)一个 FContent 元素(该文件的编码版本)。

10.4.1 file 元素的属性

——属性 ID，ID 类型，必选属性，DRSS 文档中的唯一标识，可以被其他元素或者文档通过 IDREF 或者 XPTR 进行引用；
——属性 SEQ，整数类型，可选属性，指明本文件在其文件组中的序号；
——属性组 FILECORE，详见 12.3；
——属性 OWNERID，字符串类型，可选属性，为文件提供唯一标识符(包括 URI)，可以与用于检索该文件的 URI 不相同；
——属性 ADMID，ID 类型集合，可选属性，是本 DRSS 文档中与该文件相关的管理型元数据的 XML ID 值的列表；
——属性 DMDID，ID 类型集合，可选属性，是本 DRSS 文档中与该文件相关的描述型元数据的 XML ID 值的列表；
——属性 GROUPID，字符串类型，可选属性，用于在本文件与其他文件组中的文件建立联系，如某文件组的主图像文件和第二个文件组中的引用副本文件，并和第三个文件组中的缩略图文件可以具有同一个 GROUPID；
——属性 USE，字符串类型，可选属性，指明该文件的用途，如图像文件的“主文件”、“引用”、“缩略图”等；
——属性 BEGIN，字符串类型，可选属性，在上级文件中，当前文件所处的位置；
——属性 END，字符串类型，可选属性，在上级文件中，当前文件的结束位置，仅当存在 BEGIN 时，该属性有效；
——属性 BETYPE，字符串类型，可选属性，BEGIN 和(或)END 属性的特殊类型。

10.4.2 元素包含的子节点

——FLocat 元素，DRSS 复杂类型，数量不定。FLocat 元素提供指向内容文件某位置的指针。它使用 XLink 语法，提供指向内容文件实际位置的链接信息，同时还有一些附加属性，附加说明链接信息。注意：FLocat 是空元素，资源指向的位置必须存放在 XLINK: HREF 元素中。
——FContent 元素，DRSS 复杂类型，可选。FContent 元素能把内容文件放在 DRSS 文件内部。内容文件必须是 BASE64 编码(用 binData 包装器子元素)或者 XML 形式的(用 xmlData 包装器子元素)。FContent 可以包含属性 ID 及 USE，属性组 LOCATION 和 xlink: simpleLink，其 USE 属性指明内嵌文件的用途，如图像文件的用途可能是“主文件”、“参考文件”或“缩略图”。

——stream 元素，DRSS 复杂类型，可选。一个文件可以由一个或多个子字节流组成。如一个 MPEG4 文件，可能包含独立的音频字节流和视频字节流，而每一个字节流都有与其关联的技术元数据。

——transformFile 元素，DRSS 复杂类型，可选。转换文件元素提供了一种通过解压或者转换的途径，可以获取文件元素下的任意附属文件元素。该元素是可以重复的，为了实现效果，可能会提供一个链接，链接到行为节点中的行为。

——file 元素，fileType 类型，可选。

10.5 stream 元素

stream 元素的类型为 DRSS 复杂类型，其属性包含：

——属性 ID，ID 类型，可选属性，DRSS 文档中的唯一标识，可以被其他元素或者文档通过 IDREF 或者 XPTR 进行引用；

——属性 streamType，字符串类型，可选属性，记录文件流的类型；

——属性 OWNERID，字符串类型，可选属性，提供文件的唯一标识符（包括 URI 在内），但可以与检索用的 URI 相异；

——属性 ADMID，ID 类型引用集合，可选属性，为 XML ID 属性值列表，对应于该文件在 DRSS 文档中的管理型元数据；

——属性 DMDID，ID 类型引用集合，可选属性，为 XML ID 属性值列表，对应于该文件在 DRSS 文档中的描述型元数据。

10.6 transformFile 元素

——属性 ID，ID 类型，可选属性，DRSS 文档中的唯一标识，可以被其他元素或者文档通过 IDREF 或者 XPTR 进行引用；

——属性 TRANSFORMTYPE，字符串类型，必选属性，记录文件转换的类型（该文件转换使文件易用，包括解压文件为多个文件/字节流），值为 decompression 或 decryption；

——属性 TRANSFORMALGORITHM，字符串类型，必选属性，描述对该文件解压或解密的例程；

——属性 TRANSFORMKEY，ID 属性引用集合，可选属性，对文件内容进行转换的算法中使用的键；

——属性 TRANSFORMBEHAVIOR，ID 属性引用集合，可选属性，指向该转换的 behavior 元素的 IDREF；

——属性 TRANSFORMORDER，正整数类型，必选属性，解压或者转换文件包的指令。

11 DRSS 文档结构图节点 structMap

11.1 DRSS 文档结构图节点

结构图是 DRSS 文档的核心，它的类型是 DRSS 复杂类型 structMapType。结构图定义了被数字化的源文档的层次结构，这些层次利用 div 元素最终形成树结构。任一给定的 div，可以通过 dptr 元素，指向另一个 DRSS 文档；也可以通过 fptr 和子元素，指向一个或一组文件、若干文件片断或文件组。

11.2 structMap 节点的属性和子节点

结构图使用一系列嵌套的元素，勾画出被编码原始对象的层次结构，这些元素即 div 元素，其类型为 DivType 复杂类型。结构图包含如下属性：

——属性 ID，ID 类型，可选属性，DRSS 文档中的唯一标识，可以被其他元素或者文档通过 IDREF 或者 XPTR 进行引用。

——属性 TYPE，字符串类型，可选属性，指明结构图的类型。典型值是："PHYSICAL"和"LOGICAL"。PHYSICAL 描述了原始作品的物理组成，如一篇论文的连续页；而 LOGICAL 则描述了作品的知识结构，如一篇论文有目录、前言、章节、索引等。

——属性 LABEL，字符串类型，可选属性，用于为用户描述结构图。

11.3 div 元素

DRSS 标准用一串嵌套的 div 元素使文档结构化，形成层次。例如，书由章节组成，章节由子章节组成，子章节由文本组成。结构图层次结构中的每一个 div 节点，都可以通过子元素 dptr 或子元素 fptr，关联其对应的内容文件。

11.3.1 div 元素的属性

——属性 ID，ID 类型，可选属性，DRSS 文档中的唯一标识，可以被其他元素或者文档通过 IDREF 或者 XPTR 进行引用；

——属性 ORDER，整形类型，可选属性，表示 div 在其兄弟节点中的序号(如序列号)；

——属性 ORDERLABEL，字符串类型，可选属性，表示 div 在其兄弟节点中的次序(如"xii")；

——属性 LABEL，字符串类型，可选属性，为浏览该文档的最终用户描述该 div，作为目录；

——属性 DMDID，ID 类型引用集合，可选属性，指向此 div 在 DRSS 文档内的描述型元数据；

——属性 AMDID，ID 类型引用集合，可选属性，指向此 div 在 DRSS 文档内的管理型元数据；

——属性 TYPE，字符串类型，可选属性，指明 div 的类型(如章节、文章、页等)；

——属性 CONTENTIDS，URI 类型集合，可选属性，指出此 div 内容的 Content ID 列表；
——属性 xlink: label，被 smLink 元素引用的 xlink label。

11.3.2 div 元素的子节点

——子节点 dptr，DRSS 复杂类型，不限制在 div 中的出现次数。DRSS 指针（DRSS pointer）dptr 元素允许 div 关联另一个 DRSS 文档中，与该 div 相应的内容则存在那个 DRSS 文档中，而不是让 dptr 元素指向内部文件或文件组。一种典型的情形如连续出版的期刊的 DRSS 文档，每一个 div 元素表示一个卷期，div 元素则分别指向独立的卷期 DRSS 文档，而不是把每卷的文件和文件组都编码在一个大文档中。dptr 是空元素，能指向的资源位置必须存放在 xlink: href 属性中。
——子节点 fptr，DRSS 复杂类型，不限制在 div 中的出现次数。文件指针（file pointer）fptr 元素连接 div 元素及其对应的内容文件。它既可以通过 FILEID 属性直接指向文件本身，也可以通过子元素 area、par 和 seq 进行更复杂的链接。
——子节点 div，嵌套包含。

11.4 dptr 元素

dptr 元素包含在 div 中，是 DRSS 复杂类型。包含以下属性：
——属性 ID，ID 类型，可选属性，DRSS 文档中的唯一标识，可以被其他元素或者文档通过 IDREF 或者 XPTR 进行引用；
——属性组 LOCATION，见 12.2；
——属性组 xlink: simpleLink；
——属性 CONTENTIDS，URI 类型集合，可选属性，指出此 dptr 内容的 Content ID 列表。

11.5 fptr 元素

11.5.1 fptr 元素的属性

——属性 ID，ID 类型，可选属性，DRSS 文档中的唯一标识，可以被其他元素或者文档通过 IDREF 或者 XPTR 进行引用；
——属性 FILEID，ID 类型引用，可选属性，指向包含此 ftpr 的 div 对应的文件元素；
——属性 CONTENTIDS，URI 类型集合，可选属性，指出此 fptr 内容的 Content ID 列表。

11.5.2 fptr 元素的子节点

——子节点 par，DRSS 复杂类型 parType，不限制在 fptr 中出现的次数。并行文件（farallel files），包含属性 ID 及可选子元素 seq 或者 area。
——子节点 seq，DRSS 复杂类型 seqType，不限制在 fptr 中出现的次数。seq 元素用于把一个 div 与一组内容文件联系起来，而且这些文件应该顺序地传送给用户，见 11.6。

——子节点 area，DRSS 复杂类型 areaType，不限制在 fptr 中出现的次数。area 元素可为 div 元素及其对应的内容文件(文本、图象、音频、视频文件)之间建立比较复杂的链接，见 11.6。

11.6 文件顺序类型 seqType 和文件区域类型 areaType

文件顺序元素 seq 用于把一个 div 与一组内容文件联系起来，而且这些文件应该顺序地传送给用户。seq 包含可选的 ID 属性及若干类型为 areaType 的 area 子元素。

area 元素可为 div 元素及其对应的内容文件(文本、图像、音频、视频文件)之间建立比较复杂的链接。area 元素可以把 div 链接到文件的某一个点，既可以是文件的一维片段(如文本屏、直线图像、音视频剪辑)，也可以是文件的二维片段(如图像子区域、视频文件的一部分)。area 元素没有内容，所有信息均记录在各种属性中。其属性如下所示：

——属性 ID，ID 类型，可选属性，DRSS 文档中的唯一标识，可以被其他元素或者文档通过 IDREF 或者 XPTR 进行引用。

——属性 FILEID，ID 类型引用，必选属性，指向包含此 area 的 div 对应的文件元素。

——属性 SHAPE，字符串类型，可选属性，定义了一个二维区域的形状，此区域在一个被链接的内容文件中被引用。它必须是下列值之一：长方形区域(RECT)、圆形区域(CIRCLE)、不规则多边形(POLY)。

——属性 COORDS，字符串类型，可选属性，列出图像(静态图像或视频帧)的一组可视坐标。

——属性 BEGIN，字符串类型，可选属性，表示被引用文件中某部分的起始位置，与 END 属性配对使用。

——属性 END，字符串类型，可选属性，表示被引用文件中某部分的结束位置，与 BEGIN 属性配对使用。

——属性 BETYPE，字符串类型，可选属性，指明 BEGIN 和 END 属性值的语法。其可能值如下。

- BYTE：字节偏移量。
- IDREF：内容文件中某元素的 XML ID 值。
- SMIL：SMIL 格式的时间值。
- MIDI：MIDI 格式的时间值。
- SMPTE-25：每秒 25 帧素材的 SMPTE 时间码。
- SMPTE-24：每秒 24 帧素材的 SMPTE 时间码。
- SMPTE-DF30：每秒 30 帧丢帧素材的 SMPTE 时间码。
- SMPTE-NDF30：每秒 30 帧非丢帧素材的 SMPTE 时间码。
- SMPTE-DF29.97：每秒 29.97 帧丢帧素材的 SMPTE 时间码。
- SMPTE-NDF29.97：每秒 29.97 帧非丢帧素材的 SMPTE 时间码。
- TIME：简单时间代码，形如 HH：MM：SS。
- TCF：时间码字符格式值。

——属性 EXTENT，字符串类型，可选属性。标明 area 元素所指向片断的时长。

——属性 EXTTYPE，字符串类型，可选属性。指明 EXTENT 属性值的语法，见

BETYPE 的取值描述部分。

——属性 ADMID，ID 类型引用集合，可选属性。为 XML ID 值的列表，指向本 DRSS 此 area 相关的所有管理型元数据节。

——属性 CONTENTIDS，URI 类型集合，可选属性，指出此 area 内容的 Content ID 列表。

12 DRSS 文档属性组

12.1 METADATA

属性组 METADATA 包含 2 个属性：MDTYPE 和 OTHERMDTYPE。

属性 MDTYPE 为必选属性，指明所指的元数据类型(如 MARC、EAD 等)，它必须是下列值之一：

——MARC，任何形式的 MARC 记录；

——MODS，美国国会图书馆的 MODS 元数据格式；

——EAD，Encoded Archival Description，即编码档案描述；

——finding aid DC，都柏林核(Dublin core)；

——NISOIMG，NISO 数字静止图像的技术元数据(NISO technical metadata for digital still images)；

——LC－AV，美国国会图书馆“A/V 原形系统”中定义的技术元数据；

——VRA，可视资源协会核(Visual Resources Association core)；

——TEIHDR，TEI 头(text encoding initiative header)；

——DDI，Data Documentation Initiative；

——FGDC，联邦地理数据委员会元数据(Federal Geographic Data Committee metadata)；

——OTHER，以上未涉及的元数据。

当 MDTYPE 的值为 OTHER 时，启用属性 OTHERTYPE，用来记录其他元数据类型。

12.2 LOCATION

属性组 LOCATION 包含 2 个属性：LOCTYPE 和 OTHERLOCTYPE。

属性 LOCTYPE 为必选属性，指向某文件，它必须是下列值之一：

——ARK；

——URN，统一资源名称(uniform resource name)；

——URL，统一资源定位器(uniform resource locator)；

——PURL，永久 URL(persistent URL)；

——HANDLE，CNRI 句柄 (CNRI handle)；

——DOI，数字对象标识符(DOI，a digital object identifier)；

——OTHER，上述不包括的其他类型指示器。

当 LOCTYPE 的值为 OTHER 时，启用属性 OTHERLOCTYPE，用来记录其他类型。

12.3 FILECORE

属性组 FILECORE 包含 5 个属性：

——属性 MIMETYPE，字符串类型，可选属性，显示元数据的 MIME 类型；

——属性 SIZE，长整型，可选属性，显示关联或包含的文件的大小；

——属性 CREATED，时间类型，可选属性，显示关联或包含的文件的创建时间；

——属性 CHECKSUM，字符串类型，可选属性，显示关联或包含的文件的校验和；

——属性 CHECKSUMTYPE，字符串类型，可选属性，显示关联或包含的文件的校验算法，其可选值包括 Adler-32、CRC32、HAVAL、MD5、MNP、SHA-1、SHA-256、SHA-384、SHA-512、TIGER、WHIRLPOOL。

参 考 文 献

[1] CADAL 基本元数据标准与扩展集标准(草). http: //www. cadal. cn.

[2] CADAL 音频数字对象制作规范(草). http: //www. cadal. cn.

[3] CADAL 音频资料数字化的元数据标准规范(草) http: //www. cadal. cn.

[4] Dublin Core. http: //www. dublincore. org/.

[5] Metadata Object Description Schema (MODS). http: //www. loc. gov/standards/mods/.

[6] MARCXML MARC 21 Schema (MARCXML). http: //www. loc. gov/standards/marcxml/.

[7] METS. http: //www. loc. gov/mets/.

[8] MIX. http: //www. loc. gov/mix/.

[9] PREMIS. http: //www. loc. gov/standards/premis.

[10] TextMD. http: //www. loc. gov/standards/textMD/.

[11] AudioMD/VideoMD. http: //www. loc. gov/standards/amdvmd/index. html.

[12] SNIA. Self-contained Information Retention Format. SNIA. [2010. 9].

[13] SNIA. http: //www. snia. org/.

[14] 朱本军. 国家图书馆对象数据项目视频数据加工标准与工作规范标准规范.《国家数字图书馆工程标准规范项目研制成果》,2010 年 4 月.

[15] About MooseFS. [2012-4-2]. Online: http: //www. moosefs. org.

ICS 01.140.20
A 14

C A D A L 项 目 标 准

CADAL 20502—2012

数字对象文本类型存储标准

Standard Specification for Storage of Text-Type Digital Object

第一稿

2012－05－08

2012-05-08 发布 2012-05-09 实施

CADAL 项目管理中心 发 布

目　次

前　言

《CADAL 项目数字对象存储标准》分为 6 个部分，由 6 个标准组成。

——第 1 部分：CADAL 20501—2012 通用数字资源存储标准。

——第 2 部分：CADAL 20502—2012 数字对象文本类型存储标准。

——第 3 部分：CADAL 20503—2012 数字对象图像类型存储标准。

——第 4 部分：CADAL 20504—2012 数字对象音频类型存储标准。

——第 5 部分：CADAL 20505—2012 数字对象视频类型存储标准。

——第 6 部分：CADAL 20506—2012 数字资源压缩和索引规范。

本部分为《CADAL 项目数字对象存储标准》的第 2 部分。

本标准制定了数字对象文本类型的存储要求。

本部分是大学数字图书馆国际合作计划(CADAL)项目二期研制成果之一。

本部分由大学数字图书馆国际合作计划(CADAL)项目管理中心提出并归口。

请注意本文件的某些内容可能涉及专利，本文件的发布机构不承担识别这些专利的责任。

本部分的起草单位：浙江理工大学图书馆。

本部分的主要起草人：刘翔、黄志强、施干卫。

引　言

本标准针对 CADAL 项目的实际情况，以制定 CADAL 项目数字资源存储通用标准为目标，考虑了 CADAL 项目“数字对象加工标准规范集”、“数字对象元数据标准规范集”、“数字对象标识标准规范集”等子项目相关成果的关系，根据 CADAL 项目“数字资源存储标准集”的要求制定。

本标准在制定过程中参考了全球网络存储工业协会(Storage Network Industry Association，SNIA)、国家数字图书馆工程等国内外同类型项目与单位相关公开文档，重点借鉴了美国国会图书馆的 METS 标准，同时还参考了 MooseFS 分布式文件系统相关文档。

本标准针对文本数字资源存储的共性进行规范。本标准基于 CADAL 项目一期及二期当前存储情况及今后发展的需要，优先考虑 CADAL 项目现有的资源基础，有选择地借鉴国内外数字资源存储的经验。

文本型数字资源是数字图书馆中的主要资源之一，CADAL 项目中的绝大多数信息均表现为文本类型。而针对文本型数字资源，目前尚未有统一存储标准。因此本标准主要通过收集分析国内外文本数据格式标准规范方面的文献，对 CADAL 的文本数据格式进行分析，提出适合 CADAL 项目的文本类型数字资源存储标准，从而为建设 CADAL 项目提供一个科学、合理、可行的数据格式标准规范。

本标准是在通用数字资源存储标准的基础上进行扩展的。通过通用数字资源存储标准中的管理型元数据节点(amdSec)中的技术元数据节点(techMD)对文本类型资源增加技术属性来进行扩展。

数字对象文本类型存储标准

1 范围

本标准适用于CADAL数字资源的文本类型数字资源的长期保存。

其他类型存储标准(图像、音频、视频等)另行制定。

2 规范性引用文件

下列文件对于本文件的应用是必不可少的。凡是注日期或版本的引用文件,仅注日期版本或指定版本适用于本文件。凡是不注日期或版本的引用文件,其最新版本(包括所有的修改单)适用于本文件。

GB/T 18391 信息技术 元数据注册系统(ISO/IEC 11179);

GB/T 4894—2009 信息与文献 术语(ISO 5127:2001);

国家图书馆管理元数据规范和应用指南;

国家图书馆数字资源唯一标识符规范和应用指南;

ISO 14721 空间数据和传输系统——开放档案信息系统参考模型(reference model for an open archival information system)

ISO 15489 信息与文献——文件管理(information and documentation—records management);

ISO 15836 信息和文献工作——都柏林核心元数据元素集(information and documentation—the Dublin core metadata element set);

ANSI/NISO Z39.84 数字对象标识符语法(syntax for the digital object identifier);

XML 链接语言(XML link language) Version 1.0;

美国国会图书馆文本技术元数据(technical metadata for text)。

3 术语和定义

下列术语和定义适用于本文件。

3.1 可扩展标记语言XML Extensible Markup Language,XML

用于标记电子文件使其具有结构性的标记语言,可以用来标记数据、定义数据类型,是一种允许用户对自己的标记语言进行定义的源语言。

3.2 数字资源 Digital Resource

数字资源是指以数字形式发布、存取和利用的信息资源。

3.3 **数字资源对象** Digital Resource Object

数字资源对象包括简单数字资源对象与复合数字资源对象。简单数字资源对象指具有完整意义的独立文件，如一个 mp3 文件、一个 tiff 图像文件、一个 txt 文本文件。复合数字资源对象指包含多于一个文件的数字资源对象的复合体，如一本电子书，一种电子期刊，包含文字介绍、宣传单和视频文件的一场讲座等。

3.4 **元数据** Metadata

定义或描述其他数据的数据。

3.5 **都柏林核心元数据** Dublin Core Metadata

都柏林核心元数据。

3.6 **描述型元数据** Descriptive Metadata

对数字资源本身的内容、属性、外在特征进行描述的元数据。

3.7 **管理型元数据** Administrative Metadata

描述组成该数字对象的文件，也可以描述生成该对象的原始素材。

3.8 **数字资源存储标准文档 DRSS** Digital Resource Storage Standard Document

数字资源存储标准文档是指由 XML 语言表示的数字资源存储文档。

3.9 **DRSS 文档简单类型**

DRSS 文档简单类型是 XML 文档自定义类型，仅由通用类型构成，不包含任何其他自定义类型。

3.10 **DRSS 文档复杂类型**

DRSS 文档复杂类型是 XML 文档自定义类型，可以由 DRSS 简单类型或者通用类型共同构成。

3.11 **属性组**

由一组 XML 文档属性构成的集合，仅为简化文档描述之用。

3.12 **文本文件**

文本文件是指以 ASCII 码方式(也称文本方式)存储的文件。

4 元素根节点 TextMD

由于文本类型数字对象是通用数字对象的具体化，因此可通过对通用数字对象中管理型节点中的技术元数据节点进行文本类型的扩展，其根节点名称为 TextMD。在根节点下分别定义了如下子节点，这些子节点分别描述了文本类型数字对象的各个相关属性。

4.1 编码

名称：encoding。
标签：编码。
定义：文本字符所采用的编码类型。
注释：对文本字符所采用编码类型进行描述。
必备性：可选。
可重复性：可重复。
著录范例：

示例 1：

encoding：ASCII，UTF-8

4.2 编码平台

名称：encoding_platform。
标签：编码平台。
定义：产生该编码的平台信息，如硬件信息、操作系统等。
注释：描述了该编码的相关平台信息。
必备性：可选。
可重复性：不可重复。
著录范例：

示例 2：

encoding_platform：Apple iMac，2.33 GHz Intel Core 2 Duo，2 GB 667 MHz DDR2 SDRAM，Mac OS X Version 10.4.11

4.3 编码软件

名称：encoding_software。
标签：编码软件。
定义：定义了产生该文本编码所使用的软件。
注释：描述了用什么软件进行文本编码。
必备性：可选。
可重复性：可重复。
著录范例：

示例 3：

encoding_software：OCRopus

4.4 文本转录员

名称：encoding_agent。

标签：文本转录员。

定义：定义了是谁对文本进行的转录。

注释：描述了对文本进行相关操作(修改等)的具体人员。

必备性：可选。

可重复性：可重复。

著录范例：

示例 4：

encoding_agent：张明

4.5 字符集

名称：charset。

标签：字符集。

定义：定义了文本所采用的字符集。

注释：描述了使用哪种字符进行文本编码。

必备性：可选。

可重复性：不可重复。

著录范例：

示例 5：

charset：UTF－8

4.6 字符大小

名称：character_size。

标签：字符大小。

定义：定义了一个文本字符的字节大小。

注释：描述了单个文本字符的字节大小，如 ASCII 码是一个字节表示一个字符。

必备性：可选。

可重复性：不可重复。

著录范例：

示例 6：

character_size：1

4.7 换行

名称：linebreak。

标签：换行。

定义：定义了文本所采用的换行方式。

注释：描述了文本采用哪种换行方式，如 CR、LF。

必备性：可选。

可重复性：可重复。

著录范例：

示例7：

linebreak：CR/LF

4.8 文本质量

名称：quality。
标签：文本质量。
定义：定义了文本的输出质量。
注释：描述了文本输出的质量等级，如OCR、手稿。
必备性：可选。
可重复性：可重复。
著录范例：

示例8：

quality：OCR

4.9 角色

名称：role。
标签：角色。
定义：定义了转录人员的角色。
注释：描述了转录人员对文本处理所扮演的角色。
必备性：可选。
可重复性：可重复。
著录范例：

示例9：

role：编辑

4.10 版本

名称：version。
标签：版本。
定义：定义了版本号。
注释：用来记录文本版本，如1.0。
必备性：可选。
可重复性：可重复。
著录范例：

示例10：

version：1.0

4.11 语言

名称：language。
标签：语言。

定义：定义了文本所采用语言。

注释：描述了文本采用了何种语言，如中文。

必备性：可选。

可重复性：可重复。

著录范例：

示例 11：

language：中文，英文

4.12 交替语言

名称：alt_language。

标签：交替语言。

定义：定义了文本的交替语言。

注释：描述了文本所采用的交替语言，如 chn。

必备性：可选。

可重复性：可重复。

著录范例：

示例 12：

alt_language：cn，en

4.13 标记语言

名称：markup_language。

标签：标记语言。

定义：定义了文本内容所采用的标记语言。

注释：描述了文本所采用的标记语言，如 XML。

必备性：可选。

可重复性：不可重复。

著录范例：

示例 13：

markup_language：XML

4.14 文件处理记录

名称：processingNote。

标签：文件处理记录。

定义：定义了文本处理的一些记录。

注释：描述了处理文本的记录，如删减、增加等。

必备性：可选。

可重复性：可重复。

著录范例：

示例 14：

processingNote：新建

4.15 打印要求

名称：printRequirements。
标签：打印要求。
定义：定义了文本所需的打印需求。
注释：描述了打印文本所需的相关需求，如用什么打印机程序。
必备性：可选。
可重复性：可重复。
著录范例：

示例 15：

printRequirements：HP Printer

4.16 查看要求

名称：viewingRequirements。
标签：查看要求。
定义：定义了查看文本所需的相关要求。
注释：描述用什么软件来查看文本。
必备性：可选。
可重复性：可重复。
著录范例：

示例 16：

viewingRequirements：Notepad

4.17 文本格式

名称：format。
标签：文本格式。
定义：定义文本的文件格式。
注释：描述了文本文件所采用的格式，如 txt。
必备性：可选。
可重复性：不可重复。
著录范例：

示例 17：

format：txt

参 考 文 献

[1] CADAL 基本元数据标准与扩展集标准(草). http://www.cadal.cn.

[2] CADAL 音频数字对象制作规范(草). http://www.cadal.cn.

[3] CADAL 音频资料数字化的元数据标准规范(草). http://www.cadal.cn.

[4] Dublin Core. http://www.dublincore.org/.

[5] Metadata Object Description Schema (MODS). http://www.loc.gov/standards/mods/.

[6] MARCXML MARC 21 Schema (MARCXML). http://www.loc.gov/standards/marcxml/.

[7] METS. http://www.loc.gov/mets/.

[8] MIX. http://www.loc.gov/mix/.

[9] PREMIS. http://www.loc.gov/standards/premis.

[10] TextMD. http://www.loc.gov/standards/textMD/.

[11] AudioMD/VideoMD. http://www.loc.gov/standards/amdvmd/index.html.

[12] SNIA. http://www.snia.org/.

ICS 01.140.20
A 14

CADAL 项目标准

CADAL 20503—2012

数字对象图像类型存储标准

Standard Specification for Storage of Image-Type Digital Object

第一稿

2012-05-08

2012-05-08 发布　　2012-05-09 实施

CADAL 项目管理中心　发布

目　次

前　　言

《CADAL 项目数字对象存储标准》分为 6 个部分，由 6 个标准组成。

——第 1 部分：CADAL 20501—2012 通用数字资源存储标准。

——第 2 部分：CADAL 20502—2012 数字对象文本类型存储标准。

——第 3 部分：CADAL 20503—2012 数字对象图像类型存储标准。

——第 4 部分：CADAL 20504—2012 数字对象音频类型存储标准。

——第 5 部分：CADAL 20505—2012 数字对象视频类型存储标准。

——第 6 部分：CADAL 20506—2012 数字资源压缩和索引规范。

本部分为《CADAL 项目数字对象存储标准》的第 3 部分。

本标准制定了数字对象图像类型的存储要求。

本部分是大学数字图书馆国际合作计划(CADAL)项目二期研制成果之一。

本部分由大学数字图书馆国际合作计划(CADAL)项目管理中心提出并归口。

请注意本文件的某些内容可能涉及专利，本文件的发布机构不承担识别这些专利的责任。

本部分的起草单位：浙江理工大学图书馆。

本部分的主要起草人：刘翔、黄志强、施干卫。

引　言

本标准针对 CADAL 项目的实际情况，以制定 CADAL 项目数字资源存储通用标准为目标，考虑了 CADAL 项目“数字对象加工标准规范集”、“数字对象元数据标准规范集”、“数字对象标识标准规范集”等子项目相关成果的关系，根据 CADAL 项目“数字资源存储标准集”的要求制定。

本标准在制定过程中参考了全球网络存储工业协会(Storage Network Industry Association，SNIA)、国家数字图书馆工程等国内外同类型项目与单位相关公开文档，重点借鉴了美国国会图书馆的 METS 标准，同时还参考了 MooseFS 分布式文件系统相关文档。

本标准针对图像数字资源存储的共性进行规范。本标准基于 CADAL 项目一期及二期当前存储情况及今后发展的需要，优先考虑 CADAL 项目现有的资源基础，有选择地借鉴国内外数字资源存储的经验。

图像型数字资源是数字图书馆中的主要资源之一，而针对图像类型数字资源，目前尚未有统一存储标准。因此本标准主要通过收集分析国内外图像数据格式标准规范方面的文献，对 CADAL 的图像数据格式进行分析，提出适合 CADAL 项目的图像类型数字资源存储标准，从而为建设 CADAL 项目提供一个科学、合理、可行的数据格式标准规范。

本标准是在通用数字资源存储标准的基础上进行扩展的。通过通用数字资源存储标准中的管理型元数据节点(amdSec)中的技术元数据节点(techMD)对图像类型资源增加技术属性来进行扩展。

数字对象图像类型存储标准

1 范围

本标准适用于 CADAL 图像类型数字资源的长期保存。

其他类型存储标准(文本、音频、视频等)另行制定。

2 规范性引用文件

下列文件对于本文件的应用是必不可少的。凡是注日期或版本的引用文件，仅注日期版本或指定版本适用于本文件。凡是不注日期或版本的引用文件，其最新版本(包括所有的修改单)适用于本文件。

GB/T 18391 信息技术 元数据注册系统(ISO/IEC 11179)；

GB/T 4894—2009 信息与文献 术语(ISO 5127：2001)；

国家图书馆管理元数据规范和应用指南；

国家图书馆数字资源唯一标识符规范和应用指南；

ISO 14721 空间数据和传输系统—开放档案信息系统参考模型(reference model for an open archival information system)；

ISO 15489 信息与文献——文件管理(information and documentation—records management)；

ISO 15836 信息和文献工作——都柏林核心元数据元素集(information and documentation—the Dublin core metadata element set)；

ANSI/NISO Z39.84 数字对象标识符语法(syntax for the digital object identifier)；

ANSI/NISO Z39.87 Data Dictionary-Technical Metadata for Digital Still Images；

XML 链接语言(XML link language) Version 1.0。

3 术语和定义

下列术语和定义适用于本文件。

3.1 可扩展标记语言 XML Extensible Markup Language

可扩展标记语言 XML 指用于标记电子文件使其具有结构性的标记语言，可以用来标记数据、定义数据类型，是一种允许用户对自己的标记语言进行定义的源语言。

3.2 数字资源 Digital Resource

数字资源是指以数字形式发布、存取和利用的信息资源。

3.3 数字资源对象 Digital Resource Object

数字资源对象包括简单数字资源对象与复合数字资源对象。简单数字资源对象指具有完整意义的独立文件，如一个 mp3 文件、一个 tiff 图像文件、一个 txt 文本文件。复合数字资源对象指包含多于一个文件的数字资源对象的复合体，如一本电子书，一种电子期刊，包含文字介绍、宣传单和视频文件的一场讲座等。

3.4 元数据 Metadata

元数据指定义或描述其他数据的数据。

3.5 DC 元数据 Dublin Core Metadata

DC 元数据指都柏林核心元数据。

3.6 描述型元数据 Descriptive Metadata

描述型元数据指对数字资源本身的内容、属性、外在特征进行描述的元数据。

3.7 管理型元数据 Administrative Metadata

管理型元数据指描述组成该数字对象的文件，也可以描述生成该对象的原始素材。

3.8 数字资源存储标准文档 DRSS Digital Resource Storage Standard Document

数字资源存储标准文档是指由 XML 语言表示的数字资源存储文档。

3.9 DRSS 文档简单类型

DRSS 文档简单类型是 XML 文档自定义类型，仅由通用类型构成，不包含任何其他自定义类型。

3.10 DRSS 文档复杂类型

DRSS 文档复杂类型是 XML 文档自定义类型，可以由 DRSS 简单类型或者通用类型共同构成。

3.11 属性组

属性组指由一组 XML 文档属性构成的集合，仅为简化文档描述之用。

3.12 图像文件

图像文件指把图像数据存储成文件就得到图像文件。

4 元素根节点 ImageMD

由于图像类型数字对象是通用数字对象的具体化，因此可通过对通用数字对象中管理型节点中的技术元数据节点进行图像类型的扩展，其根节点名称为 ImageMD。在根节点下分别定义了如下子节点，这些子节点分别描述了图像类型数字对象的各个相关属性。

4.1 文件大小

名称：fileSize。
标签：文件大小。
定义：定义了图像文件大小。
注释：描述了图像文件的字节大小。
必备性：必选。
可重复性：不可重复。
著录范例：

示例 1：

fileSize：200KB

4.2 格式名称

名称：formatName。
标签：格式名称。
定义：定义了图像格式的名称。
注释：描述了图像格式的类型名称。
必备性：必选。
可重复性：不可重复。
著录范例：

示例 2：

formatName：jpeg

4.3 格式版本

名称：formatVersion。
标签：格式版本。
定义：定义了图像格式的版本号。
注释：描述了图像格式的版本号。
必备性：可选。
可重复性：不可重复。
著录范例：

示例 3：

formatVersion：jpeg2000

4.4 压缩模式

名称：compressionScheme。
标签：压缩模式。

定义：定义了图像的压缩模式。

注释：描述了图像的压缩模式，如无损压缩。

必备性：可选。

可重复性：不可重复。

著录范例：

示例 4：

compressionScheme：无损压缩

4.5 压缩率

名称：compressionRatio。

标签：压缩率。

定义：定义了图像的压缩率。

注释：描述了图像的压缩比，如 10∶1。

必备性：必选。

可重复性：不可重复。

著录范例：

示例 5：

compressionRatio：10∶1

4.6 图像宽度

名称：imageWidth。

标签：图像宽度。

定义：定义了图像的宽度。

注释：描述了图像的宽度是多少像素，如 300px。

必备性：必选。

可重复性：不可重复。

著录范例：

示例 6：

imageWidth：300px

4.7 图像高度

名称：imageHeight。

标签：图像高度。

定义：定义了图像的高度。

注释：描述了图像的高度是多少像素，如 400px。

必备性：必选。

可重复性：不可重复。

著录范例：

示例 7：

imageHeight：400px

4.8 色彩空间

名称：colorSpace。

标签：色彩空间。

定义：定义了图像的色彩空间。

注释：描述了图像的色彩空间，如 RGB、YCbCr、CMYK。

必备性：必选。

可重复性：不可重复。

著录范例：

示例 8：

colorSpace：CMYK

4.9 来源信息

名称：sourceInfo。

标签：来源信息。

定义：定义了图像的来源。

注释：描述了图像来自哪里，如网站。

必备性：可选。

可重复性：可重复。

著录范例：

示例 9：sourceInfo：人民日报

4.10 来源类型

名称：sourceType。

标签：来源类型。

定义：定义了图像的来源类型。

注释：描述了图像是来自哪种类型，如照片，印刷产品等。

必备性：可选。

可重复性：可重复。

著录范例：

示例 10：

sourceType：照片

4.11 图像获取信息

名称：captureInfo。

标签：图像获取信息。

定义：定义了图像获取相关信息。

注释：描述了图像获取相关设备信息，如相机，扫描仪。

必备性：可选。

可重复性：可重复。

著录范例：

示例 11：

captureInfo：相机

4.12 创建时间

名称：dateTimeCreated。

标签：创建时间。

定义：定义图像被创建的时间。

注释：描述了图像创建的时间，如 2012/5/13。

必备性：可选。

可重复性：不可重复。

著录范例：

示例 12：

dateTimeCreated：2012/5/13

4.13 创建者

名称：imageProducer。

标签：创建者。

定义：定义了图像的创建者。

注释：描述了创建图像的作者，如张明。

必备性：可选。

可重复性：可重复。

著录范例：

示例 13：

imageProducer：张明

4.14 创建设备

名称：captureDevice。

标签：创建设备。

定义：定义了图像的创建设备。

注释：描述了创建图像的设备信息，如 Cannon EOS 500D。

必备性：可选。

可重复性：不可重复。

著录范例：

示例 14：

captureDevice：Cannon EOS 500D

4.15 扫描仪获取

名称：scannerCapture。
标签：扫描仪获取。
定义：定义了图像的获取是扫描仪。
注释：描述了图像是否是由扫描仪获取的。
必备性：可选。
可重复性：不可重复。
著录范例：

示例 15：

scannerCapture：是

4.16 扫描仪制造商

名称：scannerManufacturer。
标签：扫描仪制造商。
定义：定义了扫描仪的制造商。
注释：描述了扫描仪的制造商，如 HP。
必备性：可选。
可重复性：不可重复。
著录范例：

示例 16：

scannerManufacturer：HP

4.17 扫描仪型号

名称：scannerModel。
标签：扫描仪型号。
定义：定义了扫描仪的型号。
注释：描述了扫描仪的型号，如 HP Scanjet G4010。
必备性：可选。
可重复性：不可重复。
著录范例：

示例 17：

scannerModel：HP Scanjet G4010

4.18 光学分辨率

名称：opticalResolution。
标签：光学分辨率。
定义：定义了图像扫描的光学分辨率。
注释：描述了图像扫描时所采用的光学分辨率，如 300dpi。

必备性：必选。

可重复性：不可重复。

著录范例：

示例 18：

opticalResolution：300dpi

4.19 扫描软件

名称：scanningSoftware。

标签：扫描软件。

定义：定义了图像扫描时的扫描软件。

注释：描述了图像扫描时采用的扫描软件，如 HP photosmart。

必备性：必选。

可重复性：不可重复。

著录范例：

示例 19：

scanningSoftware：HP photosmart

4.20 数码相机获取

名称：digitalCameraCapture。

标签：数码相机获取。

定义：定义了是否由数码相机获取。

注释：描述了图像是否由数码相机获取。

必备性：必选。

可重复性：不可重复。

著录范例：

示例 20：

digitalCameraCapture：数码相机获取

4.21 数码相机制造商

名称：digitalCameraManufacturer。

标签：数码相机制造商。

定义：定义了数码相机的制造厂商。

注释：描述了数码相机的制造厂商，如 Nikon。

必备性：必选。

可重复性：不可重复。

著录范例：

示例 21：

digitalCameraManufacturer：Nikon

4.22 数码相机型号

名称：digitalCameraModel。
标签：数码相机型号。
定义：定义了数码相机的型号。
注释：描述了产生图像的数码相机的型号，如 Cannon EOS 5D。
必备性：必选。
可重复性：不可重复。
著录范例：

示例 22：

digitalCameraModel：Cannon EOS 5D

4.23 光圈值

名称：fNumber。
标签：光圈值。
定义：定义了图像获取时数码相机的光圈值。
注释：描述了图像获取时数码相机所采用的光圈，如 F3.4。
必备性：必选。
可重复性：不可重复。
著录范例：

示例 23：

fNumber：F3.4

4.24 曝光时间

名称：exposureTime。
标签：曝光时间。
定义：定义了图像获取时数码相机的曝光时间。
注释：描述了图像获取时数码相机所采用的曝光时间，如 1/125 秒。
必备性：必选。
可重复性：不可重复。
著录范例：

示例 24：

exposureTime：1/125 秒

4.25 ISO 值

名称：isoRatings。
标签：ISO 值。
定义：定义了图像获取时数码相机所采用的 ISO 感光度。
注释：描述了图像获取时数码相机所采用的 ISO 感光度值，如 400。

必备性：必选。
可重复性：不可重复。
著录范例：
示例 25：
isoRatings：400

4.26 快门值

名称：shutterSpeed。
标签：快门值。
定义：定义了图像获取时数码相机所采用的快门值。
注释：描述了图像获取时数码相机所采用的快门值，如 1/5 秒。
必备性：必选。
可重复性：不可重复。
著录范例：
示例 26：
shutterSpeed：1/4 秒

4.27 光源

名称：lightSource。
标签：光源。
定义：定义了数码相机采用的光源。
注释：描述了数码相机采用的光源，如日光。
必备性：可选。
可重复性：不可重复。
著录范例：
示例 27：
lightSource：日光

4.28 闪光

名称：flash。
标签：闪光。
定义：定义了数码相机是否打开闪光。
注释：描述了数码相机是否打开闪光灯，如打开。
必备性：可选。
可重复性：不可重复。
著录范例：
示例 28：
flash：打开

4.29 焦距

名称：focalLength。
标签：焦距。
定义：定义了数码相机的焦距。
注释：描述了数码相机的焦距，如88mm。
必备性：可选。
可重复性：不可重复。
著录范例：

示例29：

focalLength：88mm

4.30 自动聚焦

名称：autoFocus。
标签：自动聚焦。
定义：定义了数码相机是否自动聚焦。
注释：描述了数码相机是否自动聚焦，如自动聚焦。
必备性：可选。
可重复性：不可重复。
著录范例：

示例30：

autoFocus：自动聚焦

4.31 处理时间

名称：dateTimeProcessed。
标签：处理时间。
定义：定义了记录图像的处理时间。
注释：描述了图像何时被编辑处理过，如2012/5/13。
必备性：可选。
可重复性：可重复。
著录范例：

示例31：

dateTimeProcessed：2012/5/13

4.32 处理者

名称：processingAgency。
标签：处理者。
定义：定义了图像被处理时的人员。
注释：描述了谁对图像进行的编辑处理，如张莫。

必备性：可选。

可重复性：可重复。

著录范例：

示例 32：

processingAgency：张 XX

4.33 处理软件

名称：processingSoftware。

标签：处理软件。

定义：定义了图像处理所用的软件。

注释：描述了图像处理所用的软件，如 Photoshop。

必备性：可选。

可重复性：可重复。

著录范例：

示例 33：

processingSoftware：Photoshop

4.34 操作系统

名称：processingOS。

标签：操作系统。

定义：定义了图像处理的操作系统。

注释：描述了图像处理时所在的操作系统。

必备性：可选。

可重复性：不可重复。

著录范例：

示例 34：

processingOS：Windows 7

参 考 文 献

[1] CADAL 基本元数据标准与扩展集标准(草). http: //www. cadal. cn.

[2] CADAL 音频数字对象制作规范(草). http: //www. cadal. cn.

[3] CADAL 音频资料数字化的元数据标准规范(草). http: //www. cadal. cn.

[4] Dublin Core. http: //www. dublincore. org/.

[5] Metadata Object Description Schema (MODS). http: //www. loc. gov/standards/mods/.

[6] MARCXML MARC 21 Schema (MARCXML). http: //www. loc. gov/standards/marcxml/.

[7] METS. http: //www. loc. gov/mets/.

[8] MIX. http: //www. loc. gov/mix/.

[9] PREMIS. http: //www. loc. gov/standards/premis.

[10] TextMD. http: //www. loc. gov/standards/textMD/.

[11] AudioMD/VideoMD. http: //www. loc. gov/standards/amdvmd/index. html.

[12] SNIA. http: //www. snia. org/.

ICS 01.140.20
A 14

C A D A L 项 目 标 准

CADAL 20504—2012

数字对象音频类型存储标准

Standard Specification for Storage of Audio-Type Digital Object

第一稿

2012-05-08

2012-05-08 发布 2012-05-09 实施

CADAL 项目管理中心 发 布

目　　次

前　言

《CADAL 项目数字对象存储标准》分为 6 个部分，由 6 个标准组成。

——第 1 部分：CADAL 20501—2012 通用数字资源存储标准。

——第 2 部分：CADAL 20502—2012 数字对象文本类型存储标准。

——第 3 部分：CADAL 20503—2012 数字对象图像类型存储标准。

——第 4 部分：CADAL 20504—2012 数字对象音频类型存储标准。

——第 5 部分：CADAL 20505—2012 数字对象视频类型存储标准。

——第 6 部分：CADAL 20506—2012 数字资源压缩和索引规范。

本部分为《CADAL 项目数字对象存储标准》的第 4 部分。

本标准制定了数字对象音频类型的存储要求。

本标准是大学数字图书馆国际合作计划(CADAL)项目二期研制成果之一。

本标准由大学数字图书馆国际合作计划(CADAL)项目管理中心提出并归口。

请注意本文件的某些内容可能涉及专利，本文件的发布机构不承担识别这些专利的责任。

本标准的起草单位：浙江理工大学图书馆。

本标准的主要起草人：刘翔、黄志强、施干卫。

引　言

本标准针对 CADAL 项目的实际情况，以制定 CADAL 项目数字资源存储通用标准为目标，考虑了 CADAL 项目“数字对象加工标准规范集”、“数字对象元数据标准规范集”、“数字对象标识标准规范集”等子项目相关成果的关系，根据 CADAL 项目“数字资源存储标准集”的要求制定。

本标准在制定过程中参考了全球网络存储工业协会(Storage Network Industry Association，SNIA)、国家数字图书馆工程等国内外同类型项目与单位相关公开文档，重点借鉴了美国国会图书馆的 METS 标准，同时还参考了 MooseFS 分布式文件系统相关文档。

本标准针对数字对象音频类型存储的共性进行规范。本标准基于 CADAL 项目一期及二期当前存储情况及今后发展的需要，优先考虑 CADAL 项目现有的资源基础，有选择地借鉴国内外数字资源存储的经验。

音频类型数字资源是数字图书馆中的重要资源之一，而针对音频类型数字资源，目前尚未有统一存储标准。因此本标准主要通过收集分析国内外音频数据格式标准规范方面的文献，对 CADAL 的音频数据格式进行分析，提出适合 CADAL 项目的音频类型数字资源存储标准，从而为建设 CADAL 项目提供一个科学、合理、可行的数据格式标准规范。

本标准是在通用数字资源存储标准的基础上进行扩展的。通过通用数字资源存储标准中的管理型元数据节点(amdSec)中的技术元数据节点(techMD)对音频类型资源增加技术属性来进行扩展。

数字对象音频类型存储标准

1 范围

本标准适用于CADAL数字资源的音频类型数字资源的长期保存。

其他类型存储标准(文本、图像、视频)等另行制定。

2 规范性引用文件

下列文件对于本文件的应用是必不可少的。凡是注日期或版本的引用文件，仅注日期版本或指定版本适用于本文件。凡是不注日期或版本的引用文件，其最新版本(包括所有的修改单)适用于本文件。

GB/T 18391 信息技术 元数据注册系统(ISO/IEC 11179)；

GB/T 4894—2009 信息与文献 术语(ISO 5127：2001)；

国家图书馆管理元数据规范和应用指南；

国家图书馆数字资源唯一标识符规范和应用指南；

ISO 14721 空间数据和传输系统——开放档案信息系统参考模型(reference model for an open archival information system)；

ISO 15489 信息与文献——文件管理(information and documentation—records management)；

ISO 15836 信息和文献工作——都柏林核心元数据元素集(information and documentation—the Dublin core metadata element set)；

ANSI/NISO Z39.84 数字对象标识符语法(syntax for the digital object identifier)；

XML 链接语言(XML link language) Version 1.0；

美国国会图书馆音视频技术元数据(technical metadata for audio and video)。

3 术语和定义

下列术语和定义适用于本文件。

3.1 可扩展标记语言 XML Extensible Markup Language

可扩展标记语言XML指用于标记电子文件使其具有结构性的标记语言，可以用来标记数据、定义数据类型，是一种允许用户对自己的标记语言进行定义的源语言。

3.2 数字资源 Digital Resource

数字资源是指以数字形式发布、存取和利用的信息资源。

3.3 数字资源对象 Digital Resource Object

数字资源对象包括简单数字资源对象与复合数字资源对象。简单数字资源对象指具有完整意义的独立文件，如一个 mp3 文件、一个 tiff 图像文件、一个 txt 文本文件。复合数字资源对象指包含多于一个文件的数字资源对象的复合体，如一本电子书，一种电子期刊；包含文字介绍、宣传单和视频文件的一场讲座等。

3.4 元数据 Metadata

元数据指定义或描述其他数据的数据。

3.5 DC 元数据 Dublin Core Metadata

DC 元数据指都柏林核心元数据。

3.6 描述型元数据 Descriptive Metadata

描述型元数据指对数字资源本身的内容、属性、外在特征进行描述的元数据。

3.7 管理型元数据 Administrative Metadata

管理型元数据指描述组成该数字对象的文件，也可以描述生成该对象的原始素材。

3.8 数字资源存储标准文档 DRSS Digital Resource Storage Standard Document

数字资源存储标准文档是指由 XML 语言表示的数字资源存储文档。

3.9 DRSS 文档简单类型

DRSS 文档简单类型是 XML 文档自定义类型，仅由通用类型构成，不包含任何其他自定义类型。

3.10 DRSS 文档复杂类型

DRSS 文档复杂类型是 XML 文档自定义类型，可以由 DRSS 简单类型或者通用类型共同构成。

3.11 属性组

属性组指由一组 XML 文档属性构成的集合，仅为简化文档描述之用。

4 元素根节点 AudioMD

由于音频类型数字对象是通用数字对象的具体化，因此可通过对通用数字对象中管理型节点中的技术元数据节点进行音频类型的扩展，其根节点名称为 AudioMD。在根节点下分别定义了如下子节点，这些子节点分别描述了音频类型数字对象的各个相关属性。

4.1 音频块大小

名称：audioBlockSize。

标签：音频块大小。
定义：定义了音频块大小。
注释：描述了音频块大小，如一帧 200 字节。
必备性：必选。
可重复性：不可重复。
著录范例：
示例 1：
audioBlockSize：200KB/帧

4.2 音频数据编码

名称：audioDataEncoding。
标签：音频数据编码。
定义：定义了音频数据的编码。
注释：描述了音频数据的编码格式，如 PCM。
必备性：必选。
可重复性：不可重复。
著录范例：
示例 2：
audioDataEncoding：PCM

4.3 采样字长

名称：bitsPerSample。
标签：采样字长。
定义：定义了音频采样的字长。
注释：描述了音频采样时的字长，如 8 位。
必备性：必选。
可重复性：不可重复。
著录范例：
示例 3：
bitsPerSample：8 位

4.4 压缩程序

名称：compressionApp。
标签：压缩程序。
定义：定义了音频压缩所使用的程序。
注释：描述了音频压缩使用的程序名称，如 SoundForge。
必备性：必选。
可重复性：不可重复。
著录范例：

示例 4：

compressionApp：SoundForge

4.5 压缩程序版本

名称：compressionAppVersion。

标签：压缩程序版本号。

定义：定义音频压缩程序的版本号。

注释：描述了音频压缩程序的版本号，如 1.0。

必备性：可选。

可重复性：不可重复。

著录范例：

示例 5：

compressionAppVersion：1.0

4.6 编码器

名称：codecName。

标签：编码器。

定义：定义了音频所使用的编码器。

注释：描述了音频所采用的编码器，如 mp3。

必备性：不选。

可重复性：不可重复。

著录范例：

示例 6：

codecName：mp3

4.7 编码质量

名称：codecQuality。

标签：编码质量。

定义：定义了音频编码的质量。

注释：描述了音频编码的质量类别，如无损。

必备性：必选。

可重复性：不可重复。

著录范例：

示例 7：

codecQuality：无损编码

4.8 数据码率

名称：dataRate。

标签：数据码率。

定义：定义了数据码率。

注释：描述了数据码率，如 16 位。

必备性：必选。

可重复性：不可重复。

著录范例：

示例 8：

dataRate：16 位

4.9 格式名称

名称：formatName。

标签：格式名称。

定义：定义了音频格式名称。

注释：描述了音频格式的名称，如 wav。

必备性：必选。

可重复性：不可重复。

著录范例：

示例 9：

formatName：wav

4.10 格式注解

名称：formatNote。

标签：格式注解。

定义：定义了音频格式的相关信息。

注释：描述了音频格式的相关信息。

必备性：可选。

可重复性：不可重复。

著录范例：

示例 10：

formatNote：SoundForge，WaveLab

4.11 格式版本

名称：formatVersion。

标签：格式版本。

定义：定义了音频格式的版本。

注释：描述音频格式的版本号码，如 1.0。

必备性：可选。

可重复性：不可重复。

著录范例：

示例 11：

formatVersion：1.0

4.12 帧数

名称：numSampleFrames。

标签：帧数。

定义：定义了音频的帧数。

注释：描述了音频含有的帧数。

必备性：必选。

可重复性：不可重复。

著录范例：

示例 12：

numSampleFrames：2000

4.13 采样频率

名称：samplingFrequency。

标签：采样频率。

定义：定义了音频的采样频率。

注释：描述音频的采样频率，如 48Hz。

必备性：必选。

可重复性：不可重复。

著录范例：

示例 13：

samplingFrequency：48Hz

4.14 时长

名称：duration。

标签：时长。

定义：定义了音频的时长。

注释：描述了音频的时长，如 50 秒。

必备性：必选。

可重复性：不可重复。

著录范例：

示例 14：

duration：50 秒

4.15 声道

名称：numChannels。

标签：声道。

定义：定义了音频的声道信息。

注释：描述了音频的声道信息，如 5 声道。

必备性：必选。
可重复性：不可重复。
著录范例：

示例 15：

numChannels：5 声道

4.16 声场

名称：soundField。
标签：声场。
定义：定义了音频的声场。
注释：描述了音频的声场信息，如立体声。
必备性：必选。
可重复性：不可重复。
著录范例：

示例 16：

soundField：立体声

4.17 创建时间

名称：dateTimeCreated。
标签：创建时间。
定义：定义了音频被创建的时间。
注释：描述了音频创建的时间，如 2012/5/13。
必备性：可选。
可重复性：不可重复。
著录范例：

示例 17：

dateTimeCreated：2012/5/13

4.18 注解

名称：note。
标签：注解。
定义：定义了音频本身的其他信息。
注释：描述了音频本身的其他信息。
必备性：可选。
可重复性：可重复。
著录范例：

示例 18：

note：Song

参 考 文 献

[1] CADAL 基本元数据标准与扩展集标准(草). http://www.cadal.cn.

[2] CADAL 音频数字对象制作规范(草). http://www.cadal.cn.

[3] CADAL 音频资料数字化的元数据标准规范(草). http://www.cadal.cn.

[4] Dublin Core. http://www.dublincore.org/.

[5] Metadata Object Description Schema (MODS). http://www.loc.gov/standards/mods/.

[6] MARCXML MARC 21 Schema (MARCXML). http://www.loc.gov/standards/marcxml/.

[7] METS. http://www.loc.gov/mets/.

[8] MIX. http://www.loc.gov/mix/.

[9] PREMIS. http://www.loc.gov/standards/premis.

[10] TextMD. http://www.loc.gov/standards/textMD/.

[11] AudioMD/VideoMD. http://www.loc.gov/standards/amdvmd/index.html.

[12] SNIA. http://www.snia.org/.

ICS 01.140.20
A 14

C A D A L 项 目 标 准

CADAL 20505—2012

数字对象视频类型存储标准

Standard Specification for Storage of Video-Type Digital Object

第一稿

2012-05-08

2012-05-08 发布　　2012-05-09 实施

CADAL 项目管理中心　发　布

目　次

前　言

《CADAL 项目数字对象存储标准》分为 6 个部分，由 6 个标准组成。

——第 1 部分：CADAL 20501—2012 通用数字资源存储标准。

——第 2 部分：CADAL 20502—2012 数字对象文本类型存储标准。

——第 3 部分：CADAL 20503—2012 数字对象图像类型存储标准。

——第 4 部分：CADAL 20504—2012 数字对象音频类型存储标准。

——第 5 部分：CADAL 20505—2012 数字对象视频类型存储标准。

——第 6 部分：CADAL 20506—2012 数字对象压缩和索引规范。

本部分为《CADAL 项目数字对象存储标准》的第 5 部分。

本标准制定了数字对象视频类型的存储要求。

本部分是大学数字图书馆国际合作计划(CADAL)项目二期研制成果之一。

本部分由大学数字图书馆国际合作计划(CADAL)项目管理中心提出并归口。

本文件的某些内容可能涉及专利，本文件的发布机构不承担识别这些专利的责任。

本部分的起草单位：浙江理工大学图书馆。

本部分的主要起草人：刘翔、黄志强、施干卫。

引　言

本标准针对 CADAL 项目的实际情况，以制定 CADAL 项目数字资源存储通用标准为目标，考虑了 CADAL 项目“数字对象加工标准规范集”、“数字对象元数据标准规范集”、“数字对象标识标准规范集”等子项目相关成果的关系，根据 CADAL 项目“数字资源存储标准集”的要求制定。

本标准在制定过程中参考了全球网络存储工业协会(Storage Network Industry Association，SNIA)、国家数字图书馆工程等国内外同类型项目与单位相关公开文档，重点借鉴了美国国会图书馆的 METS 标准，同时还参考了 MooseFS 分布式文件系统相关文档。

本标准针对视频数字资源存储的共性进行规范。本标准基于 CADAL 项目一期及二期当前存储情况及今后发展的需要，优先考虑 CADAL 项目现有的资源基础，有选择地借鉴国内外数字资源存储的经验。

视频类型数字资源是数字图书馆中的重要资源之一，而针对视频类型数字资源，目前尚未有统一存储标准。因此本标准主要通过收集分析国内外视频数据格式标准规范方面的文献，对 CADAL 的视频数据格式进行分析，提出适合 CADAL 项目的视频类型数字资源存储标准，从而为建设 CADAL 项目提供一个科学、合理、可行的数据格式标准规范。

本标准是在通用数字资源存储标准的基础上进行扩展的。通过通用数字资源存储标准中的管理型元数据节点(amdSec)中的技术元数据节点(techMD)对视频类型资源增加技术属性来进行扩展。

数字对象视频类型存储标准

1 范围

本标准适用于CADAL数字资源的视频类型数字资源的长期保存。

其他类型存储标准(文本、图像、音频等)另行制定。

2 规范性引用文件

下列文件对于本文件的应用是必不可少的。凡是注日期或版本的引用文件，仅注日期版本或指定版本适用于本文件。凡是不注日期或版本的引用文件，其最新版本(包括所有的修改单)适用于本文件。

GB/T 18391 信息技术 元数据注册系统(ISO/IEC 11179);

GB/T 4894—2009 信息与文献 术语(ISO 5127:2001);

国家图书馆管理元数据规范和应用指南;

国家图书馆数字资源唯一标识符规范和应用指南;

ISO 14721 空间数据和传输系统——开放档案信息系统参考模型(reference model for an open archival information system);

ISO 15489 信息与文献——文件管理(information and documentation—records management);

ISO 15836 信息和文献工作——都柏林核心元数据元素集(information and documentation—the Dublin core metadata element set);

ANSI/NISO Z39.84 数字对象标识符语法(syntax for the digital object identifier);

XML 链接语言(XML link language)Version 1.0;

美国国会图书馆音视频技术元数据(technical metadata for audio and video)。

3 术语和定义

下列术语和定义适用于本文件。

3.1 可扩展标记语言 XML Extensible Markup Language

可扩展标记语言XML指用于标记电子文件使其具有结构性的标记语言，可以用来标记数据、定义数据类型，是一种允许用户对自己的标记语言进行定义的源语言。

3.2 数字资源 Digital Resource

数字资源是指以数字形式发布、存取和利用的信息资源。

3.3 数字资源对象 Digital Resource Object

数字资源对象包括简单数字资源对象与复合数字资源对象。简单数字资源对象指具有完整意义的独立文件，如一个 mp3 文件、一个 tiff 图像文件、一个 txt 文本文件。复合数字资源对象指包含多于一个文件的数字资源对象的复合体，如一本电子书，一种电子期刊，包含文字介绍、宣传单和视频文件的一场讲座等。

3.4 元数据 Metadata

元数据指定义或描述其他数据的数据。

3.5 DC 元数据 Dublin Core Metadata

DC 元数据指都柏林核心元数据。

3.6 描述型元数据 Descriptive Metadata

描述型元数据指对数字资源本身的内容、属性、外在特征进行描述的元数据。

3.7 管理型元数据 Administrative Metadata

管理型元数据指描述组成该数字对象的文件，也可以描述生成该对象的原始素材。

3.8 数字资源存储标准文档 DRSS Digital Resource Storage Standard Document

数字资源存储标准文档是指由 XML 语言表示的数字资源存储文档。

3.9 DRSS 文档简单类型

DRSS 文档简单类型是 XML 文档自定义类型，仅由通用类型构成，不包含任何其他自定义类型。

3.10 DRSS 文档复杂类型

DRSS 文档复杂类型是 XML 文档自定义类型，可以由 DRSS 简单类型或者通用类型共同构成。

3.11 属性组

属性组指由一组 XML 文档属性构成的集合，仅为简化文档描述之用。

4 元素根节点 VideoMD

由于视频类型数字对象是通用数字对象的具体化，因此可通过对通用数字对象中管理型节点中的技术元数据节点进行视频类型的扩展，其根节点名称为 VideoMD。在根节点下分别定义了如下子节点，这些子节点分别描述了视频类型数字对象的各个相关属性。

4.1 时长

名称：duration。
标签：时长。
定义：定义了视频的时长。
注释：描述了视频的时间长度，如50分钟。
必备性：必选。
可重复性：不可重复。
著录范例：

示例1：

duration：50分钟

4.2 语言

名称：language。
标签：语言。
定义：定义了视频所包含的语言。
注释：描述了视频中的语言，如中文。
必备性：可选。
可重复性：可重复。
著录范例：

示例2：

language：中文

4.3 文件大小

名称：fileSize。
标签：文件大小。
定义：定义了视频文件的大小。
注释：描述了视频文件的大小，比如1M。
必备性：必选。
可重复性：不可重复。
著录范例：

示例3：

filesize：3M

4.4 数据率

名称：dataRate。
标签：数据率。
定义：定义了视频流的数据率。
注释：描述了视频播放时的播放速率，如8Mbps。

必备性：必选。

可重复性：不可重复。

著录范例：

示例 4：

dataRate：8Mbps

4.5 色彩

名称：color。

标签：色彩。

定义：定义了视频的色彩。

注释：描述了视频的色彩属性，比如彩色。

必备性：必选。

可重复性：不可重复。

著录范例：

示例 5：

color：彩色

4.6 采样字长

名称：bitsPerSample。

标签：采样字长。

定义：定义了视频的采样字长。

注释：描述了视频数据采样的字长，比如 8 位。

必备性：必选。

可重复性：不可重复。

著录范例：

示例 6：

bitsPerSample：8 位

4.7 压缩程序

名称：compressionApp。

标签：压缩程序。

定义：定义了视频的压缩程序。

注释：描述了视频的压缩程序，比如 Adobe Premiere。

必备性：必选。

可重复性：不可重复。

著录范例：

示例 7：

compressionApp：Adobe Premiere

4.8 压缩程序版本

名称：compressionAppVersion。
标签：压缩程序版本。
定义：定义了视频压缩程序的版本。
注释：描述了视频压缩程序的版本号，比如 1.0。
必备性：必选。
可重复性：不可重复。
著录范例：

示例 8：

compressionAppVersion：1.0

4.9 编码器

名称：codecName。
标签：编码器。
定义：定义视频编码器。
注释：描述了视频的编码器名称，比如 Mpeg。
必备性：必选。
可重复性：不可重复。
著录范例：

示例 9：

codecName：Mepg

4.10 编码质量

名称：codecQuality。
标签：编码质量。
定义：定义了视频的编码质量。
注释：描述了视频的编码质量，比如无损。
必备性：必选。
可重复性：不可重复。
著录范例：

示例 10：

codecQuality：无损

4.11 压缩率

名称：compressionRatio。
标签：压缩率。
定义：定义了视频的压缩率。
注释：描述了视频的压缩率，比如 90%。

必备性：必选。

可重复性：不可重复。

著录范例：

示例 11：

compressionRatio：90%

4.12 帧

名称：frame。

标签：帧。

定义：定义了视频的帧数。

注释：描述了视频包含的帧数。

必备性：必选。

可重复性：不可重复。

著录范例：

示例 12：

frame：20000

4.13 帧速率

名称：frameRate。

标签：帧速率。

定义：定义了视频的帧速率。

注释：描述了视频单位时间内播放的帧数。

必备性：必选。

可重复性：不可重复。

著录范例：

示例 13：

frameRate：30fps

4.14 采样率

名称：sampleRate。

标签：采样率。

定义：定义了视频的采样率。

注释：描述了视频转换过程中单位时间内采用数量。

必备性：必选。

可重复性：不可重复。

著录范例：

示例 14：

sampleRate：48kHz

4.15 显示比列

名称：dar。
标签：显示比例。
定义：定义了视频的显示比例。
注释：描述了视频的显示长宽比。
必备性：必选。
可重复性：不可重复。
著录范例：

示例 15：

dar：4∶3

4.16 信号制式

名称：signalFormat。
标签：信号制式。
定义：定义了视频的信号制式。
注释：描述了视频的信号制式，比如 NTSC。
必备性：必选。
可重复性：不可重复。
著录范例：

示例 16：

signalFormat：PAL

4.17 格式

名称：format。
标签：格式。
定义：定义了视频格式。
注释：描述了视频文件的格式，比如 AVI。
必备性：必选。
可重复性：不可重复。
著录范例：

示例 17：

format：AVI

4.18 编码日期

名称：encodingDate。
标签：编码日期。
定义：定义了视频的编码日期。
注释：描述了视频的编码日期，比如 2012/4/2。

必备性：必选。

可重复性：不可重复。

著录范例：

示例 18：

encodingDate：2012/3/5

4.19 分辨率

名称：ppi。

标签：分辨率。

定义：定义了视频的分辨率。

注释：描述了视频的分辨率，比如 640×480。

必备性：必选。

可重复性：不可重复。

著录范例：

示例 19：

ppi：640×480

4.20 注解

名称：note。

标签：注解。

定义：定义了视频的相关信息。

注释：描述了视频的附加信息。

必备性：可选。

可重复性：不可重复。

著录范例：

示例 20：

note：电视剧

参 考 文 献

[1] CADAL 基本元数据标准与扩展集标准(草). http://www.cadal.cn.

[2] CADAL 音频数字对象制作规范(草). http://www.cadal.cn.

[3] CADAL 音频资料数字化的元数据标准规范(草). http://www.cadal.cn.

[4] Dublin Core. http://www.dublincore.org/.

[5] Metadata Object Description Schema (MODS). http://www.loc.gov/standards/mods/.

[6] MARCXML MARC 21 Schema (MARCXML). http://www.loc.gov/standards/marcxml/.

[7] METS. http://www.loc.gov/mets/.

[8] MIX. http://www.loc.gov/mix/.

[9] PREMIS. http://www.loc.gov/standards/premis.

[10] TextMD. http://www.loc.gov/standards/textMD/.

[11] AudioMD/VideoMD. http://www.loc.gov/standards/amdvmd/index.html.

[12] SNIA. http://www.snia.org/.

ICS 01.140.20
A 14

C A D A L 项 目 标 准

CADAL 20506—2012

数字资源压缩和索引规范

Standard Specification for Digital Resource Compression and Index

第一稿

2012-05-08

2012-05-08 发布 2012-05-09 实施

CADAL 项目管理中心 发 布

目　次

前　言

《CADAL 项目数字对象存储标准》分为 6 个部分，由 6 个标准组成。

——第 1 部分：CADAL 20501—2012 通用数字资源存储标准。

——第 2 部分：CADAL 20502—2012 数字对象文本类型存储标准。

——第 3 部分：CADAL 20503—2012 数字对象图像类型存储标准。

——第 4 部分：CADAL 20504—2012 数字对象音频类型存储标准。

——第 5 部分：CADAL 20505—2012 数字对象视频类型存储标准。

——第 6 部分：CADAL 20506—2012 数字资源压缩和索引规范。

本部分为《CADAL 项目数字对象存储标准》的第 6 部分。

本标准制定了通用数字资源的存储要求。

本标准是大学数字图书馆国际合作计划(CADAL)项目二期研制成果之一。

本标准制定 CADAL 项目通用数字资源存储标准，CADAL 项目的各种类型数字资源存储标准应至少满足本标准提出的要求。

本标准由大学大学数字图书馆国际合作计划(CADAL)项目管理中心提出并归口。

本标准的起草单位：浙江理工大学图书馆。

本标准的主要起草人：刘翔、黄志强、施干卫。

引　言

本标准针对CADAL项目的实际情况，以制定CADAL项目数字资源存储通用标准为目标，考虑了CADAL项目“数字对象加工标准规范集”、“数字对象元数据标准规范集”、“数字对象标识标准规范集”等子项目相关成果的关系，根据CADAL项目“数字资源存储标准集”的要求制定。

本标准在制定过程中参考了全球网络存储工业协会(Storage Network Industry Association，SNIA)、国家数字图书馆工程等国内外同类型项目与单位相关公开文档，重点借鉴了美国国会图书馆的METS标准，同时还参考了MooseFS分布式文件系统相关文档。

本标准针对数字资源压缩和索引的共性进行规范。本标准基于CADAL项目一期及二期当前存储情况及今后发展的需要，优先考虑CADAL项目现有的资源基础，有选择地借鉴国内外数字资源存储的经验。

数字资源压缩和索引是数字图书馆中的资源保存的重要手段之一，目前尚未有统一存储标准。因此本标准主要在CADAL数字对象视频类型存储标准、CADAL数字对象图像类型存储标准、CADAL数字对象文本类型存储标准、CADAL数字对象音频类型存储标准和CADAL通用数字资源存储标准的基础上，提出适合CADAL项目的数字资源压缩和索引标准，从而为建设CADAL项目提供一个科学、合理、可行的数据格式标准规范。

数字资源压缩和索引规范

1 范围

本部分规定了数字资源的压缩和索引规范，包括通用数字资源与专门数字对象(分为文本类型数字对象、图像类型数字对象、音频类型数字对象以及视频类型数字对象)的压缩和索引细则，供 CADAL 项目数字资源存储使用。

2 数字资源保存级别

为了满足不同来源数字资源在生命周期的不同阶段的使用需要，把数字资源分为长期保持级、复制加工级和发布服务级。

长期保存级：作为档案保存及出版用的数字资源，不用于发布服务，可作为格式转换和复制的母本。

复制加工级：有较高质量的数字资源，是加工复制各种精度、大小的数字资源的母本文件，供专家、合作伙伴及专门组织成员通过网络有限权限的访问。

发布服务级：供普通读者通过网络访问，可进行浏览、下载、复制的数字资源。

3 数字资源压缩

3.1 长期保存级

对于长期保存级别的数字资源由于需要具有格式开放透明、持续可解释；不包含加密协议，也不包含加密选项；可转换，支持其他格式转换为长期保存格式，因此，对长期保存级别的数字资源不采取压缩格式。

3.2 复制加工级

——文本数据转换为 PDF 格式，适度压缩。

——图像数据的压缩见表 1。

表 1 复制加工级图像数据的压缩

文献类型	图像分辨率(dpi)	色彩位深	允许的编辑加工	文件格式压缩算法
普通图书类	300	黑白 8 位 24 位	锐化、裁切、纠偏、去噪，色彩管理	JPEG2000 或 PDF
古籍类	300～600	8 位 24 位 更高	锐化、裁切、纠偏、去噪，色彩管理	JPEG2000 无损压缩
手稿类	300～600	8 位 24 位 更高	锐化、裁切纠偏、去噪；成比例扩展，最低限度地调整彩色和色调	JPEG2000 无损压缩

——音频数据的压缩见表 2。

表 2 复制加工级音频数据的压缩

比特率/采样率	量化级	通道数	推荐压缩格式
64k～320kbps 44.1kHz	16bit	双声道	mp3 AAC WMA

——视频数据的压缩见表 3。

表 3 复制加工级视频数据的压缩

视频速率/kbps	音频速率/K	帧速/fps	音频采样	建议编码
2000	384	25/30	立体声 48kHz	MPEG 4 编码的 WMV、FLV 或 RM

3.3 发布服务级

——文本数据转换为 PDF 格式,高度压缩。

——图像数据的压缩见表 4。

表 4 发布服务级图像数据的压缩

文献类型	图像分辨率/dpi	色彩位深	允许的编辑加工	文件格式压缩算法
普通图书类	72～96	黑白 8 位 24 位	锐化、裁切、纠偏、去噪，色彩管理	JPEG2000 或 PDF
古籍类	72～96	8 位 24 位 更高	锐化、裁切、纠偏、去噪，色彩管理	JPEG2000 无损压缩
手稿类	72～96	8 位 24 位 更高	锐化、裁切纠偏、去噪；成比例扩展，最低限度地调整彩色和色调	JPEG2000 无损压缩

——音频数据的压缩见表 5。

表 5 发布服务级音频数据的压缩

比特率/采样率	量化级	通道数	推荐压缩格式
(16～46)kbps 22.05kHz	16bit	双声道/单声道	mp3 AAC WMA

视频数据的压缩见表 6。

表 6 发布服务级视频数据的压缩

视频速率/kbps	音频速率/K	帧速/fps	音频采样	建议编码
46	16	15	立体声 44.1kHz	MPEG 4 编码的 WMV、FLV 或 RM

4 元数据索引

在数字资源存储标准中采用 XML 存储描述数字资源对象的元数据，使用文件系统存储 XML 文件是一种长期保存的方法，但文件系统在访问并发性和查询效率上低下，需要对元数据进行索引提高访问效率。使用 Native 数据库方式(见表 7)来存储 XML 元数据文档，建立元数据索引提高资源查询获取效率。

表 7 Native 数据库方式索引

数据库类型	索引类型	查询方法	数据库系统
Native XML	标准索引 文本索引 结构索引	XPath XQuery	OrientX Tamino Timber

参 考 文 献

[1] ADAL 基本元数据标准与扩展集标准(草). http: //www.cadal.cn.

[2] CADAL 音频数字对象制作规范(草). http: //www.cadal.cn.

[3] CADAL 音频资料数字化的元数据标准规范(草). http: //www.cadal.cn.

[4] Dublin Core. http: //www.dublincore.org/.

[5] Metadata Object Description Schema (MODS). http: //www.loc.gov/standards/mods/.

[6] MARCXML MARC 21 Schema (MARCXML). http: //www.loc.gov/standards/marcxml/.

[7] METS. http: //www.loc.gov/mets/.

[8] MIX. http: //www.loc.gov/mix/.

[9] PREMIS. http: //www.loc.gov/standards/premis.

[10] TextMD. http: //www.loc.gov/standards/textMD/.

[11] AudioMD/VideoMD. http: //www.loc.gov/standards/amdvmd/index.html.

[12] SNIA. http: //www.snia.org/.